Das Wesentliche von
Frédéric Bastiat

Das Wesentliche von

FRÉDÉRIC BASTIAT

Aus der Reihe

„Grundlagen der Ökonomie“

Aprycot Media freut sich, dieses kleine Buch vorzustellen, das die Essenz des Denkens von Frédéric Bastiat vermittelt. Das gesamte in diesem Buch enthaltene Material wird von uns unter Creative Commons Attribution 4.0 veröffentlicht. Es steht dir frei, alle Inhalte für jeden Zweck nachzudrucken, sofern du die Quelle angibst. Darüber hinaus möchte Aprycot Media das ursprüngliche Quellenmaterial wie folgt anerkennen:

„To the Youth of France." Economic Harmonies. George B. de Huszar, übers. and W. Hayden Boyers, ed. (Irvington-on-Hudson, NY: The Foundation for Economic Education, 1996).

"What is Seen and What is Not Seen." Selected Essays in Political Economy. trans. Seymour Cain. (Irvington-on-Hudson, NY: The Foundation for Economic Education, 1995), 1–47.

"A Petition." Economic Sophisms. übers. Arthur Goddard. (Irvington-on-Hudson, NY: The Foundation for Economic Education, 1996) 56–60.

"A Negative Railroad." Economic Sophisms. übers. Arthur Goddard. (Irvington-on-Hudson, NY: The Foundation for Economic Education, 1996), 94–95.

The Law. übers. Dean Russell. (Irvington-on-Hudson, NY und Atlanta: The Foundation for Economic Education, 2007).

Änderungen und Anpassungen für kontextuelles Verständnis mit Hilfe des französischen Originaltextes: http://bastiat.org/fr/

ISBN 978-3-949098-28-4 (Print)
ISBN 978-3-949098-29-1 (ePub)

Übersetzung: Daniel Deckner
Lektorat: Der Kosmotoriker
Layout & Satz: Michi Nussbaumer
Cover: Michi Nussbaumer
Druck und Bindung: CPI books GmbH, Leck
Verlag: Aprycot Media – Held & Troendle GbR – Rheinfelden

FSC www.fsc.org
MIX
Papier | Fördert gute Waldnutzung
FSC® C083411

1. Auflage 2023
Aprycot Media – Der Bitcoin Verlag – www.aprycot.media
Twitter & Instagram: @aprycotmedia

1 2 3 4 5 6 7 8 9 10

Inhaltsverzeichnis

I.
An die Jugend Frankreichs

Lerneifer, das Bedürfnis, an etwas zu glauben, ein Geist, der noch frei von eingefleischten Vorurteilen ist, von Hass unberührte Herzen, Feuereifer, sehnliche Zuneigung, Selbstlosigkeit, Hingabe, Wohlwollen, Begeisterung für alles Gute, Schöne, Aufrichtige, Große, Ehrliche und Religiöse – das sind die unschätzbaren Gaben der Jugend. Darum widme ich ihr dieses Buch. Es ist ein Same, der tatsächlich steril sein müsste, wenn er in so fruchtbarer Erde nicht zum Leben erwachte.

Ich wollte Euch ein vollendetes Gemälde schenken, gebe Euch stattdessen aber nur einen rohen Entwurf. Verzeiht mir. Wer kann in diesen Zeiten schon ein bedeutendes Werk vollenden? Hier ist eine Skizze. Bei deren Anblick möge einer unter euch wie der große Künstler ausrufen: *Anch'io son pittore*,[1] den Pinsel er-

1 „Auch ich bin ein Maler!" – der dem Jungen Correggio zugeschriebene Ausspruch, als er das erste Mal Raphaels Gemälde der Heiligen Cäcilia sah. Anmerkung d. engl. Übers.

greifen, und meine unfertige Leinwand mit Farbe und Fleisch, Licht und Schatten, Gefühl und Leben füllen.

Junge Menschen, Ihr werdet den Titel dieser Arbeit für sehr ambitioniert halten. *Wirtschaftliche Harmonien*! War ich anmaßend genug, zu glauben, den göttlichen Plan aufzudecken, welcher in der Gesellschaftsordnung und all den Mechanismen steckt, mit welchen die Vorsehung die Menschheit segnete, um ihren Fortschritt sicherzustellen?

Bestimmt nicht, aber ich möchte euch auf den Pfad zu folgender Wahrheit führen: *Alle legitimen Interessen sind harmonisch.* Das ist die zentrale Idee dieses Werkes, und ihre Wichtigkeit kann nicht ausreichend betont werden.

Es war einmal in Mode, über das sogenannte *soziale Problem* zu lachen. Und man muss zugeben, dass einige Lösungsvorschläge diesen Hohn nur allzu verdient hatten. Aber an dem Problem selbst ist bestimmt nichts Lachhaftes. Es spukt um uns herum wie Banquos Geist während Macbeths Bankett, bleibt aber nicht still, sondern kreischt der in Angst erstarrten Gesellschaft entgegen: Finde eine Lösung oder sterbe!

Die Art dieser Lösung wird natürlich stark davon abhängen, ob die Interessen der Menschen miteinander wirklich harmonieren oder einander (mangels Kohärenz – Anm. d. Hrsg.) zuwiderlaufen.

Liegt Kohärenz an, erwächst die Lösung aus freiheitlichem Boden, im ungünstigeren Rahmen würde der Zwang das Heft übernehmen. Im ersten Fall reichte es, sich herauszuhalten, aber in zweitem Szenario muss man sich notwendigerweise einmischen.

Dabei kennt Freiheit nur eine singuläre Erscheinungsform. Wenn wir uns dessen sicher sein können, dass jedes Molekül einer Flüssigkeit alles enthält, was notwendig ist, um ihre übergeordneten Eigenschaften zu bestimmten, schließen wir daraus, dass der einfachste und sicherste Weg, das Wesen der Materie zur Geltung kommen zu lassen, darin besteht, die Moleküle nicht zu beeinträchtigen. All jene, die den argumentativen Ausgangspunkt zu akzeptieren bereit sind, dass *die legitimen Interessen der Menschen harmonisch sind*, werden auch darin übereinstimmen, dass die praktische Lösung des sozialen Problems einfach darin besteht, diese Interessen nicht zu sabotieren oder umlenken zu wollen.

Zwang kann hingegen in Antwort auf mannigfaltige Sichtweisen eine Unzahl verschiedener Formen annehmen. Daher haben jene Denkschulen, welche von der Annahme ausgehen, dass *die Interessen der Men-*

schen einander zuwiderlaufen, noch niemals etwas zur Lösung eines sozialen Problems getan, sondern allenfalls Aspekte der Freiheit unterminiert. Sie sind bis dato noch immer damit befasst, zu ergründen, welche der unendlichen Erscheinungsformen, die der Zwang annehmen kann, die richtige ist bzw. ob es nicht doch eine quasi „optimale Version" von Zwang geben kann. Und sollten sie sich jemals darüber einig werden, welche Form der Nötigung sie im gemeinsamen Eigeninteresse vorziehen, werden sie kurz darauf noch immer vor dem Problem stehen, freie Menschen zur allgemeinen Akzeptanz des Zwangs zu überreden.

Doch sollten wir tatsächlich die Hypothese akzeptieren, dass die lauteren Interessen der Menschen ihrer Natur nach einander im Konflikt gegenüberstehen und diese Auseinandersetzungen nur durch den hybriden Entwurf einer artifiziellen Gesellschaftsordnung vermieden werden können, so wäre der Zustand der Menschheit in der Tat prekär. In diesem Fall müssten wir betroffen folgende Fragen aufwerfen:

1. Werden wir im Lauf der Menschheitsgeschichte jemanden finden, der je eine zufriedenstellende Form des Zwanges entwickelt hat?
2. Wäre dieser Mensch jemals dazu in der Lage, all die unzähligen Denkschulen, welche andere Formen der

Nötigung erfunden haben, für seinen Plan zu gewinnen?

3. Würde die Menschheit sich dieser Form von Zwang, die ihrer grundsätzlichen Verfasstheit nach dem Selbstinteresse eines jeden denkenden Individuums zuwiderlaufen muss, unterwerfen?
4. Angenommen, die Menschheit ließe sich bereitwillig mit dieser Art Aufmachung kostümieren – was würde passieren, wenn ein findiger Anderer mit einem "besseren" Entwurf von Zwang daherkäme? Würden die Menschen in einer Organisationsform verharren, die sie zunehmend als unzureichend erkannt haben, oder sich gar dazu aufraffen können ihre Lebensentwürfe jeden Morgen aufs Neue den Launen, der Mode oder den persönlichen Unzulänglichkeiten des Urhebers der Nötigung entsprechend anzupassen?
5. Würden nicht all jene Nötigungsexperten, deren Pläne inzwischen verworfen worden sind, sich gegen die aktuelle Version von Zwang verbünden und infolge dieser gesellschaftlichen Umbrüche umso bessere Gelegenheiten zur Machtübernahme finden, als dieser zur Disposition stehende Entwurf seiner Natur und Auslegung nach dem Selbstinteresse eines jeden Einzelnen zuwiderläuft?

6. Und kann es, in letzter Konsequenz, eine singuläre menschliche Intelligenz geben, die dazu imstande wäre, sämtliche Widersprüche zu überwinden, wenngleich gerade die Gegensätze es sind, welche den Menschen Mensch sein lassen??

Ich könnte diese Reihe an Fragen unendlich fortsetzen und im Zuge dessen beispielsweise folgenden bemerkenswerten Umstand erwähnen:

Wenn man individuelles Eigeninteresse als den Wünschen und Zielen der Allgemeinheit entgegengesetzt wirkend betrachtet – an welchem Punkt genau könnte man dann den Hebel der Nötigung zielgerichtet ansetzen? Wo wirkt der "Geißfuß" der Nötigung am effektivsten, inmitten eines komplexen, antagonistischen Gefüges? Überhaupt an einem Ort fernab der menschlichen Natur? So müsstet Ihr es zwangsläufig handhaben, um den Folgen zu entgehen, die sich aus der Übertretung Eurer eigenen Gesetze ergeben. Denn wenn Ihr einen einzelnen oder eine kleine Gruppe von Menschen mit willkürlicher Macht ausstattet, müsstet Ihr zuerst überprüfen, ob diese Menschen tatsächlich aus einem anderen Lehm geformt sind als der Rest von uns; dass sie, anders als wir, niemals durch das fatale Prinzip des Eigeninteresses motiviert, sogar in Situationen, in denen sie eigentlich über absolute Macht verfügten, frei von Gier, Irrtümern und unreinen Herzen sein werden.

Was die verschiedenen sozialistischen Schulen (und damit meine ich jene Denkungsarten, die eine durch Nötigung hervorgebrachte Gesellschaftsordnung als die Lösung gesellschaftlicher Dysfunktionalitäten ansehen) von der wirtschaftswissenschaftlichen Schule[2] radikal unterscheidet, ist keine unerhebliche Nuance des Blickwinkels oder der präferierten Regierungsform. Es ist der Kontrast ihrer jeweiligen Grundannahmen und ihrer Antworten auf folgende elementare und zentrale Frage: Sind die Interessen sich selbst überlassener Menschen zueinander harmonisch oder antagonistisch?

Es ist offensichtlich, dass die Sozialisten es sich nur deshalb als Mission erkoren, eine künstliche Ge-

---

2 Wie die folgenden Seiten klar machen, benutzt Bastiat ‚politische Wirtschaftswissenschaft' und ‚Wirtschaftswissenschaftler/Ökonom' auf verallgemeinernde Weise, um die „klassische" wirtschaftswissenschaftliche Schule, zu welcher er sich selbst zählte, zu bezeichnen. Zu dieser zählten „Physiokraten" des 18. Jh. wie Quesnay (*Tableau èconomique*, 1759), Mercier de la Rivière, Dupont de Nemours, Le Trôsne, Mirabeau, Condorcet und Turgot, die „Englische Schule": Adam Smith, Malthus, John Stuart Mill, Senior, Scrope und Ricardo sowie seine französischen Zeitgenossen: Jean-Baptiste Say, Pellegrino Rossi, Garnier und andere weniger Bekannte, die vergleichbare Standpunkte zu Reichtum und freiem Handel teilten. Anmerkung d. engl. Übers.

sellschaftsordnung zu schaffen, weil sie die natürliche als entweder schlecht oder inadäquat beurteilen – und sie beurteilen sie nur deshalb als schlecht oder inadäquat, weil sie in den Interessen der Menschen eine fundamentale Gegensätzlichkeit zu sehen glauben. Andernfalls griffen sie nicht auf Zwang zurück. Es ist nicht notwendig, Dinge, die bereits harmonieren, in Harmonie miteinander zu zwingen.

Daher haben sie überall fundamentale Antagonismen gefunden:

> Zwischen Eigentümer und Proletarier,
> Zwischen Kapital und Arbeit,
> Zwischen dem gemeinen Volk und der Bourgeoisie,
> Zwischen Landwirtschaft und Industrie,
> Zwischen dem Land- und dem Stadtbewohner,
> Zwischen Einheimischen und Ausländern,
> Zwischen Produzent und Konsument,
> Zwischen Zivilisation und Organisation,
> Und, um es mit einem Wort zu sagen:
> Zwischen Freiheit und Harmonie.

Und das erklärt, warum trotz des Umstandes, dass sie eine Art sentimentaler Philanthropie in ihren Herzen tragen, Hass von ihren Lippen strömt. Jeder von ihnen behält seine gesamte Liebe jener Gesellschaft vor, die er erträumt hat. Die natürliche Gesellschaft, in welcher zu leben unser Schicksal ist, kann für sie nicht früh genug zerstört werden, auf dass aus ihrer Ruine das neue Jerusalem entstehe.

Ich habe bereits gesagt, dass die *wirtschaftswissenschaftliche Schule*, die im Gegensatz dazu davon ausgeht, dass die Interessen der Menschen natürlicherweise harmonieren, zu einem die persönliche Freiheit bevorzugenden Schluss kommt.

Dennoch muss ich zugeben, dass die Prinzipien der Wirtschaftswissenschaftler, auch wenn letztere sich generell für persönliche Freiheit aussprechen, ihre Grundannahme, dass die Interessen der Menschen harmonieren, nicht ausreichend bekräftigen.

Doch bevor wir fortfahren, und um Sie bezüglich der Rückschlüsse vorzuwarnen, die man unweigerlich aus diesem Eingeständnis ziehen wird, muss ich ein paar Worte zu den jeweiligen Standpunkten des Sozialismus und der Volkswirtschaftslehre sagen.

Es wäre unsinnig von mir, zu behaupten, dass die Sozialisten niemals Wahrheit entdeckt und die politischen Ökonomen niemals Fehler begangen hätten.

Was die Kluft zwischen diesen Schulen auftut, ist die Verschiedenheit ihrer Methoden. Der Sozialismus agiert wie Astrologie und Alchemie über die Vorstellung; die politische Wirtschaftswissenschaft schreitet wie Astronomie und Chemie mittels Beobachtung voran.

Zwei Astronomen, die dasselbe Phänomen beobachten, mögen zu unterschiedlichen Schlussfolgerungen gelangen.

Trotz dieser einstweiligen Uneinigkeit fühlen sie den Bund einer gemeinsamen Methodik, welche sie früher oder später zusammenführen wird. Sie sehen sich als Teil derselben Gemeinschaft. Doch zwischen dem Astronomen, der beobachtet, und dem Astrologen, der sich etwas vorstellt, klafft ein unüberbrückbarer Abgrund, obgleich es ab und an durch Zufall zu einem Einverständnis zwischen beiden kommen kann. Dasselbe trifft auf die politischen Wirtschaftswissenschaften und den Sozialismus zu.

Ökonomen beobachten den Menschen, die Gesetze seiner Organisation sowie die gesellschaftlichen Beziehungen, die aus diesen hervorgehen. Der Sozialist beschwört eine Gesellschaft aus seiner Einbildungskraft herauf und ersinnt dann ein menschliches Herz, das zu dieser Gesellschaft passt.

Sollte eine Wissenschaft aber nicht irren, so irren sich Wissenschaftler. Ich streite nicht ab, dass Ökonomen fehlerhafte Beobachtungen machen können, und füge dem sogar hinzu, dass sie solche zu Beginn unweigerlich machen mussten.

Doch es passiert Folgendes: Wenn die Interessen der Menschen harmonieren, folgt daraus, dass jede falsche Beobachtung logischerweise zur gegenteiligen Schlussfolgerung des Antagonismus führt. Was sind in Anbetracht dessen die Taktiken der Sozialisten? Sie picken ein paar fehlerhafte Beobachtungen aus wirtschaftswissenschaftlichen Arbeiten heraus, leiten alle möglichen aus diesen folgenden Rückschlüsse daraus ab, und beweisen dann, dass sie desaströs sind. Bis zu diesem Punkt sind sie im Recht. Dann erheben sie ihre Stimmen im Protest gegen den Beobachter – Malthus[3] und Ricardo[4] zum Beispiel. Sie sind noch immer im Recht. Doch sie harren hier nicht inne. Sie wenden sich gegen die Wirtschaftswissenschaften selbst und beschuldigen sie der Herzlosig- und Böswilligkeit. Indem sie das tun, stellen sie sich Vernunft und Gerechtigkeit entgegen, denn die Wissenschaft ist nicht für fehlerhafte Beobachtungen des Wissenschaftlers verantwortlich. Schlussendlich

3 Thomas Robert Malthus (1766–1834), englischer Ökonom. Siehe Kapitel 16 zu Bastiats Erörterung seines *Essay on the Principle of Population.* (Anmerkung d. engl. Übers)

4 David Ricardo (1772–1823), englischer Ökonom der klassischen Schule. (Anmerkung d. engl. Übers)

gehen sie aber noch weiter. Sie beschuldigen die Gesellschaft selbst und drohen ihre Zerstörung und Rekonstruktion an. Und warum? Weil die Wissenschaft, wie sie sagen, beweist, dass unsere gegenwärtige Gesellschaft auf einen Abgrund zusteuert. Damit empören sie den gesunden Menschenverstand, denn entweder irrt die Wissenschaft nicht – warum sollte man sie dann attackieren? –, oder sie irrt, und in diesem Fall sollten sie die Gesellschaft in Ruhe lassen, da sie nicht in Gefahr ist.

Doch diese Taktiken können, wie unlogisch sie auch sein mögen, den politischen Wirtschaftswissenschaften dennoch schaden, insbesondere dann, wenn deren Anhänger dem verständlichen, aber unheilvollen Impuls nachgeben, sich untereinander und ihren Vorgängern gegenüber solidarisch zu zeigen. Die Wissenschaft ist eine Königin, deren Gangart offen und frei sein muss. Eine klüngelhafte Atmosphäre erstickt sie.

Wie ich bereits sagte, führt in der Volkswirtschaftslehre jede fehlerhafte Behauptung unweigerlich zu dem Schluss, dass es antagonistische Elemente innerhalb der Gesellschaftsordnung gibt. Auf der anderen Seite müssen die zahlreichen Schriften selbst der eminentesten Ökonomen unweigerlich einige falsche Aussagen enthalten. Im Interesse unserer Wissenschaft und Gesellschaft obliegt es uns, auf diese hinzuweisen und sie gegebenenfalls zu korrigieren. Damit fortzufahren, sie im Namen des Prestiges der gesamten Schule hartnäckig zu verteidigen, würde nicht nur uns selbst den Angriffen der Sozialisten aussetzen, was irrelevant wäre, sondern die Wahrheit selbst bloßstellen, was wesentlich schlimmer ist.

Ich sage also nochmals, dass die Schlussfolgerung der Ökonomen die Freiheit ist. Doch damit diese Idee die Geister und Herzen der Menschen für sich gewinnen kann, muss sie durch die Grundannahme untermauert werden, dass die Interessen der Menschen, wenn diese sich selbst überlassen werden, dazu tendieren, harmonische Gefüge zu bilden und im Einklang miteinander das Gemeinwohl fördern.

Nun haben jedoch manche Wirtschaftswissenschaftler, und unter diesen einige, denen beträchtliche Autorität zukommt, Behauptungen aufgestellt, die Schritt um Schritt logischerweise zur entgegengesetzten Schlussfolgerung führen, nämlich dass *das absolut Böse* existiert, Ungerechtigkeit unumgänglich ist, die Ungleichheit notwendigerweise zunehmen wird, dass Verarmung unabwendbar ist usw.

So gibt es beispielsweise meines Wissens nur wenige Ökonomen, welche natürlichen Ressourcen, den Geschenken, mit denen Gott sein Geschöpf, den Menschen, *kostenlos* überhäufte, keinen *Wert* zusprechen. Der Begriff ‚Wert' impliziert, dass wir Dinge, die ihn besitzen, nur gegen Bezahlung aufgeben. Darum sehen wir in Menschen, besonders in Landbesitzern, welche die Gaben Gottes für die Arbeit anderer verkaufen und so Leistungen erhalten, ohne im Gegenzug ihre eigene Arbeit beizusteuern – eine diesen Autoren zufolge offen ersichtliche, aber notwendige, Ungerechtigkeit.

Dann gibt es da die berühmte Theorie Ricardos. Sie lässt sich wie folgt zusammenfassen: Der Preis der Subsistenzmittel richtet sich nach dem Aufwand, den der kargste Ackerboden zu deren Erzeugung erfordert. Bevölkerungswachstum zwingt uns jedoch dazu, auf immer unfruchtbarere Flächen zurückzugreifen. Die gesamte Menschheit (abzüglich der Landbesitzer) ist also gezwungen, eine ständig wachsende Menge an Arbeit für eine gleichbleibende Menge an Subsistenzmitteln zu leisten, oder, was dasselbe ist, eine ständig abnehmende Menge an Subsistenzmitteln für eine gleichbleibende Menge an Arbeit zu erhalten, während die Einnahmen von Landbesitzern jedes Mal steigen, wenn darangegangen wird minderwertigeres

Land zu bewirtschaften. Die Schlussfolgerung? Wachsender Reichtum von Müßiggängern bei wachsendem Elend der Arbeiter – oder: fatale Ungleichheit.

Schließlich gibt es die sogar noch berühmtere Theorie Malthus'. Die Bevölkerung tendiert zu jedem Zeitpunkt der Menschheitsgeschichte dazu, schneller als die Subsistenzmittel anzuwachsen. Nun können die Menschen aber nicht in Frieden und Glück zusammenleben, wenn sie nicht genug zu essen haben. Es gibt nur zwei Hemmnisse, die der allgegenwärtigen Bedrohung durch Überbevölkerung entgegenwirken: eine Reduzierung der Geburtenrate oder eine mit all ihren typischen Schrecken einhergehende Erhöhung der Sterberate. Moralische Selbstbeherrschung müsste, um effektiv zu sein, universell greifen, womit niemand rechnet. Es bleiben damit nur düstere Kontrollmittel wie Armut, Krieg, Krankheit, Hunger und Tod – gleichbedeutend mit unvermeidlichem Pauperismus.

Ich werde keine weiteren, weniger relevanten Systeme erwähnen, die ebenfalls in äußerst entmutigenden Sackgassen münden. Beispielsweise behaupten

Herr de Tocqueville[5] und viele ihm Gleiche, dass man eine formal enge Aristokratie erhält, wenn man das Ältestenrecht einräumt. Wenn man es aber nicht einräumt, führt dies unweigerlich zu Aufspaltung und sinkender Produktivität des Territoriums.

Das Bemerkenswerte ist, dass keine dieser vier melancholischen Theorien auf irgendeine Weise mit den übrigen in Konflikt gerät. Täten sie das, könnten wir Trost aus dem Umstand schöpfen, dass sie sich gegenseitig aufheben. Doch dies ist nicht der Fall. Sie stimmen überein und sind Teil einer einzigen allgemeinen Theorie, welche, durch zahl- und artenreiche Fakten gestützt, scheinbar den krampfartigen Zustand der modernen Gesellschaft erklärt. Da eine erkleckliche Anzahl eminenter Wissenschaftler dieser Theorie beipflichtet, stellt sie sich unserem entmutigten und verwirrten Geist mit erschreckender Bestimmtheit dar.

Es bleibt eine Herausforderung, zu verstehen, inwiefern die Vertreter dieser unheilvollen Theorie zugleich in der Lage waren, sich die *Harmonie der menschlichen Interessen* als ihre Grundannahme zu

---

5 Alexis Charles Henri Clérel de Tocqueville (1805–1859), Politiker und Autor mehrerer bedeutender Bücher. (Anmerkung d. engl. Übers)

bewahren und von dieser zum Rückschluss der persönlichen Freiheit zu gelangen.

Denn sollte die Menschheit durch die Gesetze des Wertes unweigerlich der Ungerechtigkeit, durch die Gesetze von Einnahmen der Ungleichheit, durch die des Bevölkerungswachstums der Armut und durch jene der Vererbung der Sterilisation entgegengetrieben werden, können wir nicht behaupten, dass Gottes Gestaltung der sozialen Ordnung so harmonisch ist, wie seine Gestaltung des physischen Universums, und müssen stattdessen mit in Kummer gesenkten Köpfen eingestehen, dass er es angemessen fand, sie auf abstoßender und unauflöslicher Zwietracht zu gründen.

Junge Menschen, Ihr dürft nicht glauben, dass die Sozialisten die Theorie widerlegt und verworfen haben, die ich, um niemandem zu nahe zu treten, die Theorie der Zwietracht nennen werde. Nein – ihrer Einsprüche zum Trotz haben sie sie als wahr akzeptiert, und aus genau dem Grund, dass sie sie als wahr akzeptieren, schicken sie sich an, den Zwang an die Stelle der Freiheit, eine künstliche Gesellschaftsordnung an die Stelle der natürlichen und ihr Werk an die Stelle des göttlichen zu setzen. Ihren Widersachern (denen sie in dieser Hinsicht wohl an Logik voraus sind) entgegnen sie: Falls die Interessen der sich selbst überlassenen Menschen, wie Sie dargelegt haben, ein harmonisches Ganzes ergäben, begrüßten und feierten wir die Freiheit, wie Sie es tun. Doch Sie haben unwiderleglich bewiesen, dass diese Interessen, sofern sie sich frei entwickeln dürfen, die Menschheit in die Ungerechtigkeit, Ungleichheit, Armut und Sterilität treiben. Wir reagieren also genau deswegen gegen Ihre Theorie, weil sie wahr ist. Wir ersehnen gerade deswegen die Zerstörung der gegenwärtigen Gesellschaft, weil sie den unentrinnbaren Gesetzen folgt, die Sie beschrieben haben. Wir wollen nun unsere Macht ausprobieren, da die Macht Gottes versagte.

Man ist sich also über die Prämissen einig. Nur im Hinblick auf die Konklusion herrscht Uneinigkeit.

Die Ökonomen, von denen ich sprach, meinen: *Die Ewigen Gesetze der Vorsehung treiben die Gesellschaft dem Bösen entgegen*; doch wir müssen uns davor hüten, in sie einzugreifen, da ihnen glücklicherweise durch andere, sekundäre Gesetze entgegengewirkt wird, welche die endgültige Katastrophe verzögern. Ein willkürlicher Eingriff unsererseits würde den Damm nur schwächen, ohne den Anstieg der Flut, die uns letztendlich verschlingen wird, zu stoppen.

Die Sozialisten meinen: *Die Ewigen Gesetze der Vorsehung treiben die Gesellschaft dem Bösen entgegen*; wir müssen diese Sozialisten loswerden und andere aus unserem unerschöpflichen Arsenal erwählen.

Die Katholiken sagen: *Die Ewigen Gesetze der Vorsehung treiben die Gesellschaft dem Bösen entgegen*; wir müssen uns ihnen entziehen, indem wir niederen menschlichen Gelüsten entsagen und Zuflucht in Selbstaufgabe, Opferbereitschaft, Askese und Systemflucht suchen.

Und inmitten dieses Tumults, den Schreien der Verzweiflung und Not, den Aufrufen zu Subversion oder resignierter Verzweiflung, erhebe ich meine Stimme, um die Menschen diese Worte hören zu lassen, die, wenn sie wahr sind, alle widersprechenden Münder zum Schweigen bringen müssen: *Es ist nicht wahr, dass die Ewigen Gesetze der Vorsehung die Gesellschaft dem Bösen entgegentreiben*.

Während die verschiedenen Schulen sich also über die Schlüsse, die sie aus ihrer Prämisse ableiten, uneinig sind, streite ich ihre Prämisse grundsätzlich ab. Ist dies nicht der beste Weg, Spaltung und Kampf beizulegen?

Die zentrale Idee dieses Werkes, die Harmonie der Interessen, ist *einfach*. Und ist nicht die Einfachheit der Prüfstein der Wahrheit? Die Gesetze, denen Licht, Schall und Bewegung folgen, erscheinen uns umso wahrhaftiger, je schlichter sie sind. Warum sollte dasselbe nicht für das Gesetz der menschlichen Interessen gelten?

Dieses Gesetz ist *versöhnlich*. Denn was könnte versöhnlicher sein, als auf die Bande hinzuweisen, welche Industrien, Klassen, Nationen und sogar Doktrinen miteinander verstricken?

Es ist *tröstlich*, da es die Fehler in jenen Systemen aufzeigt, die uns glauben machen wollen, dass das Böse sich verbreiten und zunehmen muss.

Es ist *religiös*, da es uns einsehen lässt, dass nicht nur die himmlischen, sondern auch die sozialen Mechanismen Gottes Weisheit offenbaren und seine Herrlichkeit verkünden.

Es ist *praktisch*, da sicherlich keine Maxime leichter in die Praxis umzusetzen ist als diese: Lasse die Menschen arbeiten, tauschen, lernen, sich zusammenschließen, handeln und aufeinander reagieren, da nach den Gesetzen der Vorsehung aus ihrer intelligenten Spontanität nur Ordnung, Harmonie, Fortschritt und Gutes, Besseres, sich immer weiter Verbesserndes und sich bis zum unendlichen Grade weiter Verbesserndes entspringen kann.

Nun das, werdet Ihr sagen, das ist der Optimismus der Ökonomen! Sie sind so vollständige Sklaven ihrer eigenen Systeme, dass sie ihre Augen aus Angst, sie zu sehen, vor den Fakten verschließen. Angesichts aller Armut, Ungerechtigkeit und Unterdrückung, welche die menschliche Rasse verheeren, leugnen sie ungestört die Existenz des Bösen ab. Der Geruch in Aufständen verbrannten Schießpulvers erreicht ihre indifferenten Sinne nicht; für sie sind Straßenbarrikaden geräuschlos, und sollte die Gesellschaft auch kollabieren, so werden sie fortwährend wiederholen: „Alles steht zum Besten in der besten aller möglichen Welten."

Sicherlich nicht. Wir denken nicht, dass alles zum Besten steht.

Ich habe volles Vertrauen in die Ewigen Gesetze der Vorsehung und aus diesem Grund vertraue ich auf die Freiheit.

Die Frage ist, ob wir Freiheit haben.

Die Frage, die es zu beantworten gilt, ist, ob diese Gesetze mit voller Kraft wirken, oder ob ihre Wirkung nicht tiefgreifend durch die entgegengesetzte Wirkung von Institutionen menschlicher Herkunft gestört wird.

Das Böse abstreiten! Leid abstreiten! Wer könnte das? Man müsste vergessen, dass wir von Menschen sprechen. Man müsste vergessen, selbst Mensch zu sein. Die Ewigen Gesetze der Vorsehung müssen das Böse nicht ausschließen, um als *harmonisch* gelten zu können. Es reicht aus, wenn das Böse seine Erklärung und Zweck hat, dass es selbstbegrenzend ist und dass alles Leid ein Mittel darstellt, noch größeres Leid zu verhindern, indem es seinen eigenen Ursprung ausmerzt.

Das tragende Element der Gesellschaft ist der Mensch und damit eine *freie* Kraft. Da der Mensch frei ist, kann er wählen; da er wählen kann, kann er irren; da er irren kann, kann er leiden.

Ich gehe noch weiter: Er muss irren und er muss leiden, denn sein Ausgangspunkt ist Unwissenheit und in seiner Unwissenheit sieht er eine unendliche Anzahl an Straßen vor sich, von denen alle außer einer zu einem Fehler führen.

Nun, jeder Fehltritt führt zu Leid. Und dieses Leid sucht entweder denjenigen heim, der selbst irrte und dieser realisiert so die Eigenverantwortung, oder es sucht unschuldige Dritte heim und aktiviert auf diese Weise die wundervollen Mechanismen der Solidarität.

Die Entfaltung dieser Ewigen Gesetze muss uns in Kombination mit der uns geschenkten Fähigkeit, eine Verbindung zwischen Ursache und Wirkung zu erkennen, angesichts des bloßen Umstandes des Leides wieder auf den Pfad des Guten und der Wahrheit zurückführen.

Deshalb streiten wir nicht nur nicht ab, dass das Böse existiert – wir gestehen ihm einen Sinn und Zweck in der Gesellschaftsordnung wie auch im physischen Universum zu.

Doch wenn das Böse seinen Nutzen haben soll, dürfen die Mechanismen der Solidarität nicht künstlich ausgeweitet werden und auf diese Weise die Verantwortung ausschalten. Mit anderen Worten: Die Freiheit des Individuums muss respektiert werden. Wenn nun aber menschengemachte Institutionen die göttlichen Gesetze aufheben, folgt Böses noch immer auf begangene Fehler, es sucht nun aber die falsche Person heim. Es trifft jenen, den es eigentlich nicht treffen sollte; es fungiert nicht mehr als Warnung oder Denkzettel; es ist nicht länger selbstbegrenzend, wird nicht mehr unmittelbar durch sein eigenes Wirken zerstört. Es verbleibt, wächst sich aus, so wie es in der physischen Ordnung passieren würde, wenn die unbedachten Handlungen und Exzesse der Einwohner der einen Hemisphäre ihren Tribut nur unter den Einwohnern der anderen Hemisphäre forderten.

Genau das ist jedoch die Tendenz nicht nur der meisten unserer staatlichen Institutionen, sondern auch und zu einem noch größeren Ausmaß die jener Institutionen, die als Heilmittel gegen die Übel, die uns befallen, konzipiert wurden. Unter dem philanthropischen Vorwand, eine gekünstelte Solidarität unter den Menschen zu schaffen, wird das Verantwortungsbewusstsein immer stumpfer und wirkungsloser. Durch missbräuchliche Eingriffe der öffentlichen Gewalt wird das Verhältnis von Arbeit und Lohn manipuliert, werden die Gesetze von Industrie und Handel gestört, die natürliche Entwicklung der Bildung verzerrt, Kapital und Arbeitskräfte umgeleitet, Ideen verfälscht, absurde Ansprüche provoziert, wilde Hoffnungen vorgegaukelt, unerhörte Mengen menschlicher Energie verschwendet, Ballungsräume umgesiedelt, die Erfahrung selbst impotent gemacht – kurz gesagt werden allen Interessen künstliche Fundamente unterlegt. Man lässt sie kollidieren und ruft dann aus: Seht, die Interessen sind antagonistisch. Es ist die Freiheit, die diese Übel verursacht. Lasst uns die persönliche Freiheit verfluchen und einschränken.

Und da dieses heilige Wort – FREIHEIT – noch immer die Macht hat, die Herzen der Menschen zu rühren, versuchen ihre Feinde sie ihres Namens und Ansehens zu entkleiden. Unter dem Namen *Wettbewerb* führt man das traurige Opfer zum Altar, während die jubelnden Massen ihre Hände nach den Fesseln der Sklaverei ausstrecken. Es war also nicht genug, die natürlichen Gesetze der Gesellschaftsordnung in all ihrer majestätischen Harmonie darzustellen. Die ihre Wirkung lähmenden Störfaktoren müssen unbedingt aufgezeigt werden. Dies habe ich im zweiten Teil dieses Buches versucht.

Ich war bemüht, Kontroversen zu vermeiden. Indem ich das tat, habe ich zweifellos die Chance verpasst, meine Grundsätze mit dem nötigen Nachdruck zu vertreten, wie es nur im Rahmen einer gründlichen Diskussion gelingt. Doch hätte ich die Aufmerksamkeit des Lesers durch meine Abschweifungen nicht vom Verständnis des größeren Ganzen abgelenkt? Wenn ich das Gedankengebilde so präsentiere, wie es tatsächlich ist, was für eine Rolle spielt es dann, wie es anderen erschien – selbst denen, die mich lehrten, wie ich es korrekt zu betrachten habe?

Und nun appelliere ich voller Zuversicht an die Menschen all jener Schulen, die Gerechtigkeit, Wahrheit und das Gemeinwohl höherhalten als ihre jeweiligen Pfründe.

Ökonomen, meine abschließende Beurteilung fällt, wie Eure, zugunsten der individuellen Freiheiten aus; und wenn ich einige der Vorannahmen erschüttere, die Eure großzügigen Herzen mit Kummer füllen, so werdet Ihr hierin vielleicht einen weiteren Grund sehen, unsere heilige Sache zu lieben und ihr zu dienen.

Sozialisten,[6] Ihr gründet euren Glauben auf die Freundschaft. Ich fordere Euch dazu auf, nach der Lektüre dieses Buches zu sagen, ob die – von Missständen und Fesseln weitestgehend befreite, derzei-

---

6 „Sozialisten“, „Gleichmacher“, „Kommunisten“: In Frankreich vor der Zeit Marx‘ wurden diese Begriffe natürlich wie auch hier von Bastiat dazu benutzt, im Allgemeinen auf jene politische Theoretiker zu verweisen, die sich für den Kollektivismus als das Hauptwerkzeug zur Förderung der Gleichheit aussprachen. Vor und während der Revolution gehörten zu ihnen Morelly (Code de la nature, 1755), Mably (*Doutes... sur l'ordre naturel et essentiel des sociétés politiques*, 1768), Babeuf, Gründer der Gemeinschaft „der Gleichen“ (und 1797 hingerichtet), sowie seine späteren Anhänger: Philippe Buonarroti, Armand Barbès, Marin Bernard und Louis Auguste Blanqui. Bastiat zählt zu ihnen außerdem Vertreter dieser Ideen unter seinen zeitgenössischen „Planern künstlicher Gesellschaftsordnungen“: Fourier, Louis Blanc, Considérant, Cabet, Owen und Saint-Simon.

tige Gesellschaftsordnung – im Zustande der Freiheit – nicht die schönste, vollständigste, langlebigste, universellste und gerechteste aller Freundschaften ist.

Gleichmacher,[7] Ihr erkennt nur ein Prinzip an, das der Gegenseitigkeit aller Dienstleistungen. Wenn menschliche Transaktionen frei sind, so erkläre ich, dass sie nichts anderes sind und sein können, als der gegenseitige Austausch von *Dienstleistungen*, deren *Wert* unentwegt sinkt, während sie unentwegt an *Nutzen* gewinnen.

Kommunisten,[8] Ihr wünscht euch, dass die Menschen die ihnen von der Vorsehung geschenkten Gaben als Brüder gemeinsam genießen. Ich behaupte zu beweisen, dass die derzeitige Gesellschaft nur ihre Freiheit verwirklichen muss, um Eure Wünsche und Hoffnungen zu erfüllen und zu übertreffen. Denn alles ist allen gemeinsam, vorausgesetzt, dass sich jeder entweder selbst die Mühe macht, Gottes Gaben zusammenzutragen, was nur natürlich ist, oder an jenen, die sich für ihn diese Mühe machen, ein entsprechender Dienst geleistet wird, was nur gerecht ist.

Christen aller Konfessionen, sofern nicht Ihr allein unter den Menschen die göttliche Weisheit anzwei-

---

7 Siehe vorherige Fußnote. Anm. d. englischen Übers.

8 Siehe Fußnote 6. Anm. d. englischen Übers.

felt, die sich im herrlichsten Werke Gottes, das uns zu kennen vergönnt ist, manifestiert, werdet ihr kein Wort in diesem Buch finden, das eure strengsten Moralvorstellungen oder geheimnisvollsten Dogmen verletzt.

Landeigner, so weitläufig Eure Besitztümer auch sein mögen – wenn ich beweise, dass Eure heutzutage so energisch in Frage gestellten Rechte wie jene des einfachsten Handwerkers darauf beschränkt sind, Dienstleistungen im Gegenzug für echte Dienstleistungen, die von euch oder euren Vorfahren erbracht wurden, zu empfangen, dann werden diese euch zukommenden Rechte fortan auf einer unerschütterlichen Grundlage fußen.

Proletarier, ich verspreche euch, zu beweisen, dass ihr die Früchte des Bodens, welchen ihr nicht besitzt, unter weniger Mühen und Anstrengungen genießen könnt, als müsstet ihr sie mit eigenen Händen auf dem nicht durch die Arbeit anderer aufgewerteten Land kultivieren, wenn man euch dieses in seinem ursprünglichen Zustand überließe.

Kapitalisten und Arbeiter, ich meine, folgendes Gesetz aufstellen zu können: „In dem Maße, in welchem Kapital angehäuft wird, erhöht sich sein *absoluter* Anteil an den Erträgen der Produktion, während sein *relativer* Anteil abnimmt. Derweil nimmt der *relative*

Anteil der Lohnkosten und vor allem ihr *absoluter* Anteil zu. Der gegenteilige Effekt tritt ein, wenn Kapital abgezogen wird."[9] Wenn dieses Gesetz gilt, folgt daraus eindeutig, dass die Interessen von Arbeitern und Arbeitgebern sich im Gleichklang befinden.

Anhänger Malthus', aufrichtige jedoch verleumdete Philanthropen, deren einziger Fehler euer Wunsch ist, die Menschheit gegen die fatalen Auswirkungen eines Gesetzes abzuschirmen, das ihr als unausweichlich betrachtet – ich unterbreite euch an seiner statt ein ermutigenderes Gesetz: „Unter ansonsten gleichen Bedingungen führt eine steigende Population zu einer erhöhten Effizienz der Produktion." Sollte das zutreffen, so werdet Ihr sicherlich nicht zu denjenigen gehören, die sich grämen, weil die Dornenkrone vom Haupt unserer geliebten Wissenschaft gefallen ist.

9 Ich werde dieses Gesetz anhand von Zahlen verdeutlichen. Nehmen wir drei Zeiträume an, während welcher das Kapital zunimmt, während die Lohnkosten gleichbleiben. Die Gesamtproduktion dieser Zeiträume sei 80-100-120. Die Verteilung wird folgendermaßen aussehen:

	Kapitalanteil	Lohnkostenanteil	Gesamt
Zeitraum 1	45	35	80
Zeitraum 2	50	50	100
Zeitraum 3	55	65	120

Natürlich sind diese Verhältnisse zu Veranschaulichungszwecken gewählt. Anmerkung des Autors.

Ausbeuter, Ihr, die Ihr mittels Gewalt oder Betrug, trotz oder durch das Gesetz, auf Kosten der Menschen fett werdet. Ihr, die Ihr von den Irrtümern lebt, die Ihr verbreitet, von der Ignoranz, die Ihr nährt, den Kriegen, die Ihr anzettelt, von den Beschränkungen, welche Ihr dem Handel auferlegt. Ihr, die ihr Arbeit besteuert, nachdem Ihr ihre Produktivität ruiniert und so zum Verlust von mehr als nur dem, was Ihr stehlt, beitragt. Ihr, die Ihr euch für die Hindernisse, die Ihr schafft, bezahlen lasst, um Euren Lohn für die zu erhalten, die Ihr anschließend ausräumt. Ihr, die Ihr die lebendige Verkörperung der negativen Form des Eigeninteresses seid: parasitäre Auswüchse dysfunktionaler Gesetze – nehmt euch die hier niedergeschriebene ätzende Kritik zu Herzen. An Euch allein werde ich kein Gesuch richten, denn der Zweck dieses Buches ist es, Euch bzw. Eure ungerechtfertigten Forderungen zu eliminieren. So sehr man den Kompromiss auch schätzen mag, so kann es doch zwischen diesen zwei Prinzipien keinen geben: Freiheit und Zwang.

Wenn die Ewigen Gesetze der Vorsehung harmonisch sind, so sind sie es nur unter der Bedingung der Freiheit, da sie ansonsten nicht als harmonisch gelten könnten. Wenn wir also etwas unharmonisches in der Welt wahrnehmen, deutet das zwangsläufig auf einen Mangel an Freiheit, auf fehlende Gerechtigkeit hin. Unterdrücker, Plünderer, Verächter der Gerechtigkeit – Ihr könnt euren Platz nicht innerhalb der universellen Harmonie einnehmen, da Ihr diejenigen seid, die sie konterkarieren.

Bedeutet das, dass der Effekt dieses Buches eine Schwächung der Regierung, eine Bedrohung ihrer Stabilität, eine Untergrabung ihrer Autorität wäre? Mein Ziel ist das genaue Gegenteil. Verstehen wir einander.

Die Aufgabe der Politikwissenschaft ist es, zu bestimmen, was unter staatliche Kontrolle fallen sollte und was nicht. Wenn wir diese wichtige Unterscheidung vornehmen, dürfen wir den Umstand nicht aus den Augen verlieren, dass der Staat immer durch das Instrument der Gewalt handelt. Sowohl die Dienstleistungen, die er erbringt als auch jene, die er von uns einfordert, werden uns in Form von (Zwangs-)Steuern auferlegt.

Die Frage läuft also auf Folgendes hinaus: Wozu dürfen Menschen andere Menschen rechtmäßigerweise *nötigen*? Mir fällt nur eines ein, und das ist *Gerechtigkeit*. Ich habe nicht das Recht, jemanden zu Religiosität, Wohltätigkeit, Bildung oder Fleiß zu zwingen;

aber ich habe das Recht, ihn dazu zu *zwingen*, *gerecht* zu handeln. Dies ist ein Fall legitimer Notwehr.

Es darf nun aber für eine Gruppe von Individuen keinerlei Rechte geben, die über jene Rechte hinausgehen, welche sie bereits als Individuen innehaben. Wenn also die Anwendung von Gewalt vonseiten des Individuums nur auf der Grundlage legitimer Selbstverteidigung gerechtfertigt werden kann, müssen wir nur die Tatsache anerkennen, dass Regierungshandlungen immer in gewaltsamer Form auftreten, woraus wir ableiten können, dass sie ihrer Natur nach nur zur Aufrechterhaltung von Ordnung, Sicherheit und Gerechtigkeit eingesetzt werden dürfen.

Alle Aktivitäten von Regierungen, die diese Grenze verletzen, stellen einen Übergriff auf das Gewissen, die Intelligenz, die Arbeitskraft und, mit einem Wort, die Freiheit der Menschen dar.

Dementsprechend müssen wir uns beharrlich und unnachgiebig der Aufgabe widmen, den gesamten Bereich privater Tätigkeit von den Eingriffen des Staates frei zu halten. Nur unter dieser Bedingung werden wir unsere Freiheit oder das freie Zusammenspiel jener harmonischen Gesetze, die Gott zugunsten von Entwicklung und Fortschritt der menschlichen Rasse erließ, sicherstellen.

Wird die Macht der Regierung durch diese Einschränkungen geschwächt? Wird sie an Stabilität verlieren, wenn man sie verschlankt? Wird ihr weniger Autorität zukommen, weil sie weniger Befugnisse hat? Sinkt ihr Ansehen, sobald sie weniger Groll auf sich zieht? Wird sie noch mehr zum Spielball von Sonderinteressen, wenn man die enormen Etats und Subventionen reduziert, durch welche Interessengruppen in Verlockung geraten? Wird sie größeren Gefahren ausgesetzt sein, wenn sie weniger Verantwortung trägt?

Im Gegenteil. Es scheint mir offensichtlich zu sein, dass die Einschränkung der öffentlichen Gewalt auf ihre einzige rechtmäßige Funktion – eine Funktion, die essenziell, unbestritten, konstruktiv, erwünscht und allseits akzeptiert ist – den besten Weg dazu darstellt, den Respekt und die Kooperation aller für sie zu gewinnen. Sollte dies erreicht werden, so ist mir nicht klar, aus welcher Quelle all unsere derzeitigen Übel der Obstruktionspolitik, des parlamentarischen Gezänks, von Straßenkämpfen, Revolutionen, Krisen, Fraktionen, Wahnvorstellungen, von übertriebenen Forderungen aller möglichen politischen Führer, quer durch alle möglichen Regierungsformen, neuer Systeme, die so gefährlich wie absurd sind und den Menschen nichts beibringen, als stets zuerst bei der

Regierung vorstellig zu werden – aus welcher Quelle soll all das dann noch entspringen? Wir sollten außerdem eine nun unkompromittierte Form der Diplomatie, ein Zurückfahren der unablässigen Drohung mit Krieg sowie des nahezu ebenso verhängnisvollen bewaffneten Friedens sehen, erdrückende und zwangsläufig ungerechte Besteuerung, die unentwegt zunehmendn und unnatürliche Einmischung der Politik in alle Aspekte des Lebens sowie die großangelegte und vollkommen artifizielle Umverteilung von Kapital und Arbeit zu einem Ende kommen sehen, welche die Ursache unnötiger Irritation, Arbeitslosigkeit, ständiger Auf- und Abschwünge sowie ökonomischer Krisen und Rückschläge sind. All das und tausend andere Gründe von Unruhen, Irritationen, Entfremdung, Neid und Chaos existierten nicht mehr und Machthaber würden der universellen Harmonie ab dann zustatt entgegenarbeiten. Einer Harmonie, die das Böse nicht ausschließt, es aber auf jenen kleiner werdenden Spielraum reduziert, der ihm durch Unwissen und die Abwegigkeit unserer schwachen Natur – deren Überwindung oder Tadel eine Eigenschaft der Harmonie ist – offengelassen wird.

Junge Menschen, ich sollte mich glücklich schätzen, solltet ihr in diesen Zeiten des bedauernswerten

Skeptizismus, welcher Auswirkung und Bestrafung für intellektuelles Chaos zugleich ist, durch die Lektüre dieses Buches zur Äußerung jener ermutigenden Worte bewegt werden, so süß auf den Lippen und nicht nur Zuflucht vor der Verzweiflung, sondern vielmehr eine positive Kraft und vermeintlich stark genug, Berge zu versetzen – jene Worte, welche das Glaubensbekenntnis der Christen einleiten: *Ich glaube*. Ich glaube aber nicht mit blinder und unterwürfiger Frömmigkeit – denn uns geht es hier nicht um die Mystizismen einer Offenbarung – sondern mit reflektiertem, wissenschaftlichen Glauben, welcher in allen Domänen angebracht ist, die der Erforschung durch den Menschen überlassen sind. Ich glaube nicht, dass Er, der die physische Welt erschuf, es für richtig hielt, der sozialen Welt entfremdet zu bleiben. Ich glaube, dass Seine Weisheit nicht nur stumme Moleküle, sondern auch menschliche Agenten des freien Willens in harmonischer Bewegung zusammenbrachte. Ich glaube, dass Seine Vorsehung mindestens so klar durch die Ewigen Gesetze hindurchscheint, denen Wille und Interessen der Menschen unterliegen, wie aus jenen, die Er den Phänomenen der Masse und Geschwindigkeit auferlegte. Ich glaube, dass alles innerhalb einer Gesellschaft, sogar schmerzvolle Erfahrungen, eine Quelle der Verbesserung und des Fortschritts sind. Ich glaube, dass das Böse zum Guten führt und seine Ankunft beschleunigt, während Gutes niemals zum Bösen führen kann und daher schlussendlich triumphieren muss. Ich glaube, dass die Menschheit sich unaufhaltsam einem gemeinsamen materiellen, intellektuellen und moralischen Standard annähert und dieser sich zudem allmählich und ins Unfassbare erhebt. Ich glaube, dass eine schrittweise, friedliche Entwicklung garantiert ist, sofern der Mensch nur seine Handlungsfreiheit zurückgewinnen und seinen natürlichen Neigungen ohne manipulative Eingriffe nachkommen kann. Ich glaube diese Dinge nicht, weil ich sie mir wünsche oder weil sie die Sehnsüchte meines Herzens stillen, sondern weil mein Intellekt sie nach reiflicher Überlegung anerkennt.

Ah! Wenn Ihr die Worte *ich glaube* aussprecht, werdet Ihr darauf drängen, sie anderen zuzutragen, worauf das soziale Problem bald gelöst sein wird, denn trotz alles Gesagten ist die Lösung schlicht. Die Interessen der Menschen sind harmonisch – daher liegt die Antwort vollends in diesem einen Wort: *Freiheit*.

II.
Was man sieht und was man nicht sieht

In der wirtschaftlichen Sphäre bringt eine Handlung, Gewohnheit, Institution oder ein Gesetz nicht nur einen Effekt, sondern eine Reihe von ihnen hervor. Von diesen Effekten tritt nur der erste unmittelbar ein. Er manifestiert sich zeitgleich mit seiner Ursache und *wird gesehen*. Die anderen entfalten sich sukzessive und *werden nicht gesehen*. Wenn wir Glück haben, werden sie *vorhergesehen*.

Hierin besteht der gesamte Unterschied zwischen guten und schlechten Ökonomen: Einer zieht nur die *sichtbaren* Effekte in Betracht, der andere sowohl die *sichtbaren* Effekte als auch jene, welche *vorhergesehen* werden müssen.

Doch dieser Unterschied ist gewaltig, denn es ist fast immer der Fall, dass auf unmittelbar vorteilhafte Konsequenzen verheerende folgen *und umgekehrt*. Daraus resultierend verfolgt der schlechte Ökonom ein kleines gegenwärtiges Wohl, auf das ein großes Übel folgen wird, während der wahre Ökonom unter

Inkaufnahme eines kleinen gegenwärtigen Übels ein größeres zukünftiges Wohl verfolgt.

Ebenso verhält es sich übrigens mit Hygiene und Moral. Oft ist die erste Frucht einer Verhaltensweise umso süßer, je bitterer die folgenden schmecken. Beispiele hierfür sind Unmäßigkeit, Untätigkeit und Verschwendungssucht. Wenn ein Mensch von den *sichtbaren* Effekten vereinnahmt wird, weil er noch nicht gelernt hat, die *unvorhersehbaren* auszumachen, gibt er sich nicht nur aus Neigung, sondern auch aus Berechnung fatalen Gewohnheiten hin.

Das erklärt die schmerzliche Entwicklung der Menschheit. Unwissenheit umgibt ihre Wiege und daher werden ihre Handlungen von den primären Konsequenzen, also den einzigen, die unmittelbar sichtbar sind, bestimmt. Erst im Laufe der Zeit lernt sie, weitere Effekte in Betracht zu ziehen. Sie lernt diese Lektion von zwei sehr unterschiedlichen Lehrmeistern – negative Erfahrung und Vorausschau. Die Erfahrung lehrt auf wirkungsvolle, aber brutale Weise. Sie macht uns dadurch mit allen Effekten einer Handlung vertraut, indem sie sie uns fühlen lässt, weshalb wir nicht umhinkönnen, zu wissen, dass Feuer verbrennt, wenn wir uns einmal verbrannt haben. Diesen strengen Lehrer würde ich gerne weitmöglichst gegen einen milderen austauschen: die Voraussicht. Zu diesem Zweck werde ich die Konsequenzen bestimmter wirtschaftlicher Phänomene untersuchen, indem ich *gesehene* und *ungesehene* Effekte einander gegenüberstelle.

I. Das zerbrochene Fenster

Haben Sie jemals den Zorn des Ladenbesitzers Jacques Bonhomme erlebt, nachdem sein achtloser Sohn eine Fensterscheibe zerbrach? Wenn Sie einer solchen Szene beiwohnten, werden Sie sicher beobachtet haben, wie jeder einzelne Schaulustige – und gäbe es ihrer dreißig – dem unglücklichen Besitzer scheinbar im generellen Einvernehmen folgenden immergleichen Trost anbietet: „Jedes Übel hat sein Gutes. Solche Unfälle kurbeln die Industrie an. Jeder muss von etwas leben. Was würde aus unseren Glasern, wenn nie jemand Scheiben zerbräche?"

Tatsächlich steckt in diesen Trostformeln eine ganze Theorie, welche anhand dieses einfachen Beispiels *in flagranti* ertappt werden kann. Bei ihr handelt es sich um genau diejenige, die unglücklicherweise den Großteil unserer wirtschaftlichen Institutionen beherrscht.

Wenn angenommen wird, dass die Behebung des Schadens sechs Franken kostet und man daraus folgert, dass der Unfall der Glasindustrie sechs Franken zuführt und diese damit in Höhe von sechs Franken fördert, so gebe ich das zu und habe dagegen nichts einzuwenden. Der Glaser kommt, tut seine Arbeit, erhält seine sechs Franken, reibt sich die Hände und ist dem achtlosen Kind insgeheim dankbar. *Das ist es, was wir sehen.*

Doch wenn man nun – wie es allzu häufig der Fall ist – zu dem Schluss kommt, dass es gut ist, Scheiben einzuschlagen, weil dies die Geldzirkulation und Industrie im Allgemeinen ankurbelt, muss ich ausrufen: „Halt! Ihre Theorie beschränkt sich auf das *Sichtbare* und lässt das *Unsichtbare* außer Acht."

Man sieht nicht, dass unser Ladenbesitzer sechs Franken für die eine Sache ausgegeben hat und sie daher für keine andere ausgeben kann. *Man sieht nicht*, dass er vielleicht seine alten Schuhe ersetzt oder seiner Bibliothek ein weiteres Buch hinzugefügt haben würde, hätte er nicht das Fenster erneuern müssen. Kurzum: Er hätte seine sechs Franken auf irgendeine andere Weise verwendet, was der Unfall verhinderte.

Betrachten wir, wie die Industrie *im Allgemeinen* durch diesen Umstand beeinflusst wird.

Da die Fensterscheibe eingeschlagen wurde, wird die Glasindustrie mit sechs Franken gefördert; *so viel wird gesehen*.

Wäre die Fensterscheibe nicht zerstört worden, wäre die Schuhindustrie (oder eine beliebige andere) mit einem Betrag in der Höhe von sechs Franken gefördert worden. *Das ist es, was man nicht sieht.*

Und wenn man das, *was man nicht sieht,* weil es eine negative Tatsache ist, ebenso in Betracht ziehen würde, wie das, *was man sieht*, weil es eine positive Tatsache darstellt, würde man verstehen, dass es weder für die Industrie *als Ganze* noch den *nationalen Arbeitsmarkt* von Bedeutung ist, ob man Fensterscheiben einschlägt oder nicht.

Werfen wir nun einen Blick auf Jacques Bonhomme.

Im ersten Szenario, dem des zerbrochenen Fensters, gibt er sechs Franken aus und hat weder mehr noch weniger Freude an seinem Fenster.

Im zweiten Szenario, in welchem der Unfall nicht passierte, hätte er sechs Franken für Schuhe ausgegeben und käme in den Genuss dieser sowie eines Fensters.

Da Jacques Bonhomme aber ein Teil der Gesellschaft ist, müssen wir zu dem Schluss kommen, dass diese in ersterem Szenario unter Berücksichtigung all ihrer Freuden und Arbeiten den Wert eines zerstörten Fensters verloren hat.

Daher kommen wir durch Verallgemeinerung zu folgender unerwarteten Schlussfolgerung: „Die Gesellschaft verliert den Wert aller unnötigerweise zerstörten Dinge." – und zu einer Maxime, welche den Protektionisten die Haare zu Berge stehen lässt: „Zu zerschlagen, zu verderben und zu verschwenden ist keine Förderung der nationalen Produktivität". Oder kürzer gesagt: „Zerstörung ist kein Profit."

Was werdet Ihr vom *Moniteur Industriel*[10] sagen, oder Ihr, Anhänger des guten Herrn de Saint-Chamans[11], welcher anhand der Anzahl von Häusern, die wiedererrichtet werden müssten, äscherte man Paris ein, so genau berechnete, was die Industrie dadurch gewänne.

Es tut mir leid, diese einfallsreichen Kalkulationen, deren Geist bereits Eingang in unsere Gesetzgebung gefunden hat, stören zu müssen, doch ich muss ihn

10 Eine von 1835 bis 1868 herausgegebene Pariser Handelszeitschrift. Anmerkung d. Hrsg.

11 Auguste Louis Philippe de Saint-Chamans (1777–1869), französischer Politiker. Anmerkung d. Hrsg.

bitten, sie erneut anzustellen und dabei neben dem, *was man sieht*, auch das, *was man nicht sieht*, miteinzurechnen.

Der Leser darf nicht vergessen, dass unsere kleine Szene nicht nur zwei, sondern drei Menschen involviert. Unter diesen stellt Jacques Bonhomme den Verbraucher dar, welcher durch einen Zerstörungsakt um eines von zwei Gütern gebracht wurde. Unser Glaser ist der Produzent, dessen Gewerbe durch den Unfall gefördert wird. Der Dritte im Bunde ist der Schuhmacher (oder ein anderer Händler), dessen Tätigkeit aus demselben Grund im selben Maße leidet. Diese dritte Person ist es, die man stets im Schatten versteckt hält und die als das Ungesehene einen notwendigen Teil des Problems darstellt. Sie macht uns deutlich, wie absurd es ist, in einem Akt der Zerstörung Profit zu vermuten. Sie ist es, die uns bald lehren wird, dass es nicht weniger absurd ist, Profit in einer Beschränkung zu sehen, die ja im Endeffekt nichts anderes als eine teilweise Zerstörung darstellt. Wenn man also bis zur Wurzel aller Argumente, die zur Stützung solcher Positionen herangezogen werden, gräbt, wird man nichts weiteres als eine Paraphrase dieser vulgären Floskel finden: „Was würde aus Glasern, wenn nie jemand Scheiben zerbräche?“

II. Die Auflösung von Truppen

Mit einem Volk verhält es sich wie mit einem Menschen. Erwägt es, sich eine Befriedigung zu verschaffen, liegt es an ihm, ob sie die Kosten wert ist. Für eine Nation ist Sicherheit das höchste Gut. Wenn es zu ihrem Erhalt notwendig ist, ein Heer von einhunderttausend Männern aufzustellen und einhundert Millionen auszugeben, habe ich dagegen nichts einzuwenden. Es ist ein durch ein Opfer erkauftes Gut.

Ich möchte in Bezug auf die Tragweite meines Standpunktes also nicht missverstanden werden.

Nehmen wir an, dass ein Volksvertreter vorschlägt, einhunderttausend Soldaten zu entlassen, um die Steuerzahler um einhundert Millionen zu entlasten.

Wenn man sich nun darauf beschränkt, ihm zu antworten: „Die hunderttausend Männer und diese hundert Millionen an Geld sind für die nationale Sicherheit unverzichtbar. Sie sind ein Opfer, doch ohne dieses würde Frankreich von Splittergruppen zerrissen oder von einer fremden Macht invadiert." – so mag dieses Argument faktisch wahr oder falsch sein, doch aus theoretischer Sicht stellt es keine wirtschaftswissenschaftliche Häresie dar und ich habe daher nichts gegen es einzuwenden. Die Ketzerei beginnt, sobald das Opfer selbst als ein Vorteil dargestellt wird, weil jemand von ihm profitiert.

Nun müsste ich mich jedoch schwer irren, wenn sich nicht in dem Moment, in welchem der Unterbringer dieses Vorschlags vom Podium hinabsteigt, ein Redner mit den Worten erhöbe: „Einhunderttausend Männer entlassen! Wissen Sie, was Sie da sagen? Was soll aus denen werden? Wovon sollen sie leben? Wissen Sie nicht, dass Arbeitsplätze allerorts knapp sind? Alle Steinbrüche überfüllt? Möchten Sie sie vor die Tür setzen, um so den Arbeitsmarkt zu überfluten und die Löhne zu drücken? Ist es in einer Zeit wie unsrer, in der es so schwer ist, seinen Lebensunterhalt zu verdienen, nicht ein Glück, wenn der Staat einhunderttausend Menschen Brot gibt? Bedenken Sie außerdem, dass die Armee Wein, Kleidung und Waffen benötigt und so das Gewerbe von Fabriken und Garnisonsstädten ankurbelt. Dass sie kurzum für unzählige Anbieter ein Geschenk des Himmels ist. Schaudert Sie nicht der bloße Gedanke daran, diesen kolossalen Motor unserer Industrie lahmzulegen."

Wie man sieht, kommt eine solche Argumentation zu dem Schluss, dass die hunderttausend Soldaten von militärischen Erwägungen abgesehen aus wirtschaftlichen Gründen im Dienst bleiben sollten. Nur letztere möchte ich widerlegen.

Einhunderttausend Männer, die den Steuerzahler einhundert Millionen kosten, können sich und ihre Dienstleister so lange unterhalten, bis diese Summe erschöpft ist. *Das ist es, was man sieht*.

Doch einhundert aus den Taschen der Steuerzahler gegriffene Millionen unterhalten nun weder die Steuerzahler noch deren Dienstleister. *Das ist es, was man nicht sieht*. Stellen Sie nun Ihre eigenen Berechnungen an und sagen Sie mir, wo der Profit der breiten Masse anfällt.

Ich werde Ihnen sagen, wo der *Verlust* anfällt. Um das Ganze zu vereinfachen, werde ich statt von einhunderttausend Männern und einhundert Millionen Franken von einem Mann und tausend Franken sprechen.

Wir befinden uns in Dorf A. Die Rekrutierer machen ihre Runden und nehmen einen Mann mit. Die Steuereintreiber machen ihre Runde und nehmen eintausend Franken mit. Der Mann und das Geld werden nach Metz gebracht, wobei das Geld dazu gedacht ist, den Mann ohne weitere Tätigkeit über ein Jahr zu versorgen. Wenn Sie lediglich an Metz denken, ist die Maßnahme sehr vorteilhaft, da haben Sie vollkommen recht. Doch wenn Sie ihre Augen auf Dorf A richten, werden Sie zu einem ganz anderen Urteil kommen. Denn falls Sie nicht blind sein sollten, werden Sie dann sehen, dass das Dorf einen Arbeiter, tausend Franken zur Entlohnung seiner Arbeit sowie die von der weiteren Zirkulation dieser tausend Franken generierte Aktivität verlor.

Auf den ersten Blick scheint hier eine Art Ausgleich stattzufinden. Was im Dorf passiert wäre, findet jetzt in Metz statt und das ist alles.

Doch hier ist der Verlust: Im Dorf grub und arbeitete ein Mann; er war ein Arbeiter. In Metz marschiert er links und rechts um; er ist Soldat. Das Geld und seine Zirkulation sind in beiden Fällen identisch, aber während es in einem dreihundert produktive Arbeitstage gibt, gibt es im anderen dreihundert unproduktive, sofern wir annehmen, dass ein Teil der Armee nicht für die öffentliche Sicherheit notwendig ist.

Nehmen wir nun an, dass die Truppenauflösung stattfindet. Sie berichten mir von hunderttausend überzähligen Arbeitern und größerem Konkurrenzdruck, der die Gehälter drückt. Das ist es, was Sie sehen.

Was Sie nicht sehen, ist Folgendes: Sie sehen nicht, dass die Entlassung von einhunderttausend Soldaten keiner Auslöschung von einhundert Millionen Franken gleichkommt, sondern deren Rückgabe an die Steuerzahler. Sie sehen nicht, dass mit den hunderttausend Arbeitern gleichzeitig einhundert Millionen Franken, die für ihre Lohnzahlungen notwendig sind, auf den Markt geworfen werden – dass also dieselbe Handlung, welche das Arbeits*angebot* vergrößert, auch die *Nachfrage* erhöht. Dass folglich auch die Senkung der Löhne illusorisch ist. Sie sehen nicht, dass es sowohl vor als auch nach der Truppenauflösung die zu den einhunderttausend Männern gehörenden einhundert Millionen Franken gibt und der ganze Unterschied darin besteht, dass das Land den hunderttausend Männern vor der Auflösung hundert Millionen fürs Nichtstun statt fürs Arbeiten bezahlte. Sie sehen also kurz gesagt nicht, dass alle schlussendlichen Konsequenzen der Geldzirkulation dieselben sind, ob der Steuerzahler nun einem Soldaten sein Geld im Austausch für nichts gibt, oder einem Arbeiter im Austausch für etwas. Nur erhält der Steuerzahler im letzteren Fall etwas, im ersteren nichts. Das Resultat ersteren Falles ist ein glatter Verlust für die Nation.

Der Sophismus, gegen welchen ich hier ankämpfe, versagt am Prüfstein aller Prinzipien: dem Test der logischen Erweiterung. Warum sollte man unter der Annahme, es entstünde unter Abwägung aller Interessen ein *nationaler Gewinn* durch die bloße Ausweitung der Armee, nicht die gesamte männliche Population des Landes in diese hineinrekrutieren?

III. Steuern

Haben Sie schon einmal Folgendes gehört:

„Steuern sind die beste Investition. Sie sind ein Wohlstand ersprießen lassender Regen. Schauen Sie nur, wie viele Familien sie am Leben erhalten und verfolgen Sie in Gedanken nach, wie sie durch die Industrie wallen. Sie sind ein unerschöpflicher Quell, das Leben selbst."

Um diese Doktrin zu bestreiten, muss ich meine vorangegangene Argumentation wiederholen. Die Volkswirtschaftslehre weiß, dass ihre Argumente aufgrund ihres Unterhaltungswertes zur Wiederholung nicht taugen. Doch sie ist davon überzeugt, dass ihre Wiederholungen lehrreich sind.

Die Vorteile, die Beamten durch diese Einnahmen entstehen, *sind das, was man sieht*. Die Vorteile, die deren Dienstleistern zuteilwerden, *sind das, was man auch noch sieht*. Dadurch werden aller Augen geblendet.

Doch die Nachteile, welche die Steuerzahler abzuschütteln haben, *sind das, was man nicht sieht*. Die Schäden, die deren Dienstleistern entstehen, *werden ebenfalls nicht gesehen*, obwohl sie dem Verstand in die Augen springen müssten.

Wenn ein Beamter *zu eigenen Gunsten hundert Sous mehr* ausgibt, impliziert das, dass der Steuerzahler *hundert Sous weniger zu seinen Gunsten* ausgibt. Doch die Ausgaben des Beamten *sind sichtbar*, weil sie tatsächlich getätigt werden, während die des Steuerzahlers *unsichtbar bleiben*, weil er unglücklicherweise von ihnen abgehalten wird.

Sie vergleichen die Nation mit einem ausgetrockneten Stück Land und Steuern mit Segen bringendem Landregen. Mag es so sein. Sie sollten sich jedoch fragen, aus welchen Quellen sich dieser Regen speist und ob es nicht Steuern selbst sind, welche dem Boden die Feuchtigkeit entziehen und ihn austrocknen.

Sie sollten sich fragen, ob es möglich ist, dass die Erde durch diesen Regen so viel kostbares Wasser empfängt, wie sie durch Verdunstung verliert.

Eines ist absolut sicher: Wenn Jacques Bonhomme dem Steuereintreiber einhundert Sous übergibt, erhält er im Gegenzug nichts. Wenn ein Beamter die hundert

Sous anschließend aus- und an Jacques Bonhomme zurückgibt, geschieht dies in Form eines entsprechenden Gegenwerts an Getreide oder Arbeit. Das Endresultat ist ein Verlust von fünf Franken[12] für Jacques Bonhomme.

Es ist wohl wahr, dass der Beamte Jacques Bonhomme oft, vielleicht sogar sehr oft, eine äquivalente Dienstleistung erbringt. In diesem Fall entsteht keiner Seite ein Verlust; es handelt sich um einen bloßen Austausch. Daher beziehen sich meine Argumente nicht auf nützliche Funktionen. Alles, was ich sage, ist, dass jeder, der ein Amt schaffen möchte, dessen Nutzen zu beweisen hat. Zeigen Sie, inwiefern der Wert der Dienstleistungen, welche Jacques Bonhomme zur Verfügung gestellt werden, den ihm entstehenden Kosten entspricht. Argumentieren Sie aber über diesen intrinsischen Nutzen hinaus nicht damit, dass dem Beamten, seiner Familie, deren Dienstleistern oder dem Arbeitsmarkt als Ganzem Vorteile verschafft werden.

Wenn Jacques Bonhomme einem Regierungsangestellten einhundert Sous für einen tatsächlich nützlichen Dienst überreicht, ist das genau dasselbe, als übergäbe er einem Schuster einhundert Sous für ein

12 Was genau 100 Sous entspricht. Anmerkung d. Hrsg.

Paar Schuhe. Geben und Nehmen, fertig. Doch wenn Jacques Bonhomme einem Regierungsangestellten einhundert Sous gibt und für diese nichts oder nur Schikanen in den Weg gesetzt bekommt, könnte er sie genauso gut einem Dieb aushändigen. Es ist Unsinn, zu behaupten, dass der Beamte diese hundert Sous zum Wohle des Arbeitsmarktes ausgeben wird; der Dieb würde dasselbe tun, wie es auch Jacques Bonhomme getan hätte, wäre er auf seinem Weg nicht von dem gesetzlosen Parasiten oder dem verbeamteten Schnorrer angehalten worden.

Machen wir es uns also zur Gewohnheit, die Dinge nicht nur auf Grundlage *dessen, was wir sehen*, sondern ebenso anhand des *Ungesehenen* zu beurteilen.

Letztes Jahr war ich Mitglied des Finanzausschusses, da Mitglieder der Opposition durch unsere Nationalversammlung nicht systematisch aus allen Gremien ausgeschlossen wurden, was sehr weise war. Wir hörten Herrn Thiers[13] Folgendes sagen: „Ich verbrachte mein ganzes Leben in Opposition zu den Parteien der Legitimisten und Priester. Seit eine gemeinsame Bedrohung uns zusammenbrachte und ich mit ihnen verkehre, sie kenne und wir von Angesicht

13 Marie Joseph Louis Adolphe Thiers (1797–1877), französischer Historiker und Politiker. Anmerkung d. Hrsg.

zu Angesicht miteinander sprechen, erkenne ich, dass sie nicht die Monster sind, als welche ich sie mir vorstellte."

Ja, Misstrauen und Hass wachsen zwischen Parteien, die niemals miteinander verkehren. Erlaubte die Mehrheit der Minderheit, an Ausschüssen teilzunehmen, würde man vielleicht entdecken, dass die Ideen beider Seiten nicht allzu verschieden und vor allem ihre Absichten nicht so pervers wie vermutet sind.

Wie dem auch sei, ich war letztes Jahr im Ausschuss für Finanzen. Jedes Mal, wenn einer unserer Kollegen davon sprach, die Gehälter des Staatspräsidenten, der Minister und Botschafter auf eine moderate Summe zu beziffern, wurde Folgendes darauf geantwortet:

„Zum Wohle dieser Dienste ist es notwendig, dass bestimmte Ämter mit Prunk und Ansehen umgeben werden. So gewinnt man verdiente Männer für sie. Eine riesige Anzahl unglücklicher Menschen wendet sich an den Staatspräsidenten und man brächte ihn in eine sehr schmerzliche Situation, zwänge man ihn dazu, ihre Gesuche ständig abzulehnen. Eine gewisse Repräsentanz ministerialer und diplomatischer Salons gehört zur Maschinerie konstitutioneller Regierungen usw. usf."

Obgleich solche Argumente angefochten werden können, verdienen sie zweifellos eine ernsthafte Erwägung. Sie gründen sich auf das öffentliche Interesse, ob dieses nun korrekt oder falsch eingeschätzt wird, und ich habe daher mehr Respekt für sie, also einige unserer Catos[14], die von einem engstirnigen Geist der Sparsamkeit oder des Neids bewegt werden.

Doch was den wirtschaftskundigen Teil meines Gewissens abstößt und mich angesichts des intellektuellen Ansehens meines Landes erröten lässt, ist das konstante Heranziehen und die stets positive Aufnahme dieser absurden Banalität:

„Davon abgesehen beflügelt der Luxus prächtiger Regierungsämter die Künste, Industrien und Arbeitsmärkte. Das Staatsoberhaupt und seine Minister können keine Banketts und Soireen halten, ohne das Leben durch alle Venen der Gesellschaft zirkulieren zu lassen. Ihre Gehälter zu kürzen, würde die Pariser Industrie und folglich die der ganzen Nation aushungern."

Meine Herren, ich muss sie bitten, arithmetische Grundlagen zumindest ein Stück weit zu berücksich-

---

14 Cato der Ältere (234–149 v. Chr.), römischer Feldherr, Politiker und Anhänger der alten römischen Sitten und Tugenden. Anmerkung d. Hrsg.

tigen, um nicht vor der französischen Nationalversammlung zu behaupten und diese zu ihrer Schande zur Bejahung dessen zu verleiten, dass eine Addition zu unterschiedlichen Ergebnissen führt, je nachdem, ob man die erste Zahl zur zweiten, oder die zweite zur ersten addiert.

Ich bitte Sie! Ich möchte beispielsweise von einem Entwässerer für hundert Sous einen Graben in meinem Feld ausheben lassen. Gerade als wir den Handel abschließen, kommt der Steuereintreiber, nimmt meine hundert Sous und schickt sie dem Innenminister. Mein Handel ist damit vom Tisch, aber der Minister kann seinem Nachtmahl einen weiteren Gang hinzufügen. Daraufhin wollen Sie die Behauptung aufstellen, dass diese öffentliche Ausgabe der Wirtschaft des Landes hilft! Verstehen Sie nicht, dass hieraus nur eine *Verschiebung* der Bedürfnisbefriedigung und Arbeit stattfindet? Der Tisch eines Ministers ist reichlicher gedeckt, das ist wahr, aber es ist ebenso wahr, dass das Feld eines Landwirts schlechter entwässert wird. Ein Pariser Koch hat hundert Sous dazuverdient, da stimme ich Ihnen zu, aber geben Sie mir zu, dass ein Entwässerer davon abgehalten wurde, fünf Franken zu verdienen. Es läuft alles darauf hinaus, dass die Bedürfnisbefriedigungen des Ministers und des Kochs *das Gesehene sind*, während das sumpfige Feld und der eines Auftrages beraubte Entwässerer *ungesehen bleiben*.

Guter Gott! Wie mühselig es in der Volkswirtschaftslehre ist, zu beweisen, dass zwei plus zwei vier ergeben. Und wenn es einem gelingt, rufen die Leute aus: „Das ist so offensichtlich, dass es einen langweilt." Anschließend wird abgestimmt, als hätte man überhaupt nichts bewiesen.

IV. Das Theater und die schönen Künste

Sollte der Staat die Künste fördern?

Es gibt sicherlich viel Positives wie Negatives auf diese Frage zu antworten.

Zugunsten eines Subventionssystems kann man anführen, dass die Künste die Seele der Nation weiten, erhöhen und poetisieren, sie einer ungesunden Vereinnahmung durch materielle Beschäftigungen entrücken, in ihr eine Liebe zum Schönen hegen und daher ihre Manieren, Sitten, Bräuche und sogar Arbeitsamkeit günstig beeinflussen. Man kann sich fragen, was in Frankreich ohne das italienische Theater und das Konservatorium aus der Musik würde, oder ohne das Theatre-Francais aus der dramatischen Kunst, aus der Malerei und Bildhauerei ohne unsere Kollektionen und

Museen. Man könnte sogar noch weiter gehen und sich fragen, ob sich ohne die Zentralisierung und die aus ihr resultierende Förderung der schönen Künste jener exquisite Geschmack entwickelt hätte, welcher die Zierde der französischen Industrie darstellt und ihre Produkte auf der ganzen Welt begehrt macht. Wäre es angesichts solcher Resultate nicht fahrlässig, den Bürgern Frankreichs diesen moderaten Beitrag, der ihnen innerhalb Europas Überlegenheit und Ruhm sichert, nicht abzuverlangen?

Diesen und vielen weiteren Gründen, deren Gewicht ich nicht abstreite, können nicht weniger schwerwiegende entgegengesetzt werden. Man könnte zunächst einwenden, dass hier ein Problem der Verteilungsgerechtigkeit vorliegt. Erstreckt sich das Recht des Gesetzgebers bis hin zur Kürzung von Handwerkerlöhnen, um jene des Künstlers aufzustocken? Herr Lamartine[15] sagte: „Wenn man die Förderung des Theaters einstellt, wo wird man dann aufhören? Wird man nicht unweigerlich Universitäten, Museen, Instituten und Bibliotheken die Unterstützung versagen?" Daraufhin könnte man fragen: „Wo wollen Sie aufhören, wenn Sie alles Gute und Nütz-

15 Alphonse Marie Louis Prat de Lamartine (1790–1869), französischer Schriftsteller, Historiker und Politiker. Anmerkung d. Hrsg.

liche subventionieren möchten? Werden Sie nicht logischerweise dazu getrieben, Subventionen für Landwirtschaft, Industrie, Handel, Wohltätigkeit und Bildung auszuhändigen?“ Ist es davon abgesehen überhaupt sicher, dass die Subvention zur Entwicklung der Künste beiträgt? Diese Frage ist alles andere als geklärt und wir beobachten, dass es sich bei den Theatern, die gedeihen, um jene handelt, die auf ihre eigenen Ressourcen angewiesen sind. Wenn wir zu höheren Gedankengängen fortschreiten, kommen wir darüber hinaus zu der Einsicht, dass Bedürfnisse und Wünsche einander entspringen und dabei umso reiner sind, je eher sie durch den öffentlichen Wohlstand befriedigt werden können. In derartige Prozesse sollte sich die Regierung nicht einschalten, da sie bei gegenwärtigem Vermögen außerstande ist, die Luxusindustrien aus Steuermitteln zu fördern, ohne im Gegenzug die Industrien des täglichen Bedarfs zu hemmen und so den natürlichen Gang der Zivilisation zu stören. Man kann beobachten, dass solche künstlichen Verschiebungen von Bedürfnissen, Geschmäckern, Arbeitskräften und Populationen Gesellschaften in eine prekäre und gefährliche Situation bringen, welche jeder soliden Basis ermangelt.

Dies sind einige der Argumente, welche Gegner der Staatsintervention im Bezug darauf anführen, in welcher Reihenfolge die Bürger ihre Bedürfnisse und Wünsche befriedigt sehen und in welche Richtungen sie infolgedessen ihre Aktivitäten lenken wollen. Ich gehöre zu denen, die glauben, dass Vorlieben und Impulse von unten und nicht von oben kommen sollten, also vom Bürger und nicht vom Gesetzgeber. Die gegenteilige Doktrin scheint mir zur Zerstörung menschlicher Freiheit und Würde zu führen.

Wissen Sie, wessen wir nun über einen ebenso falschen wie unfairen Rückschluss beschuldigt werden? Dass unser Protest gegen eine Regierungsförderung von etwas eine Missbilligung dieser Sache selbst bedeute und dass wir die Gegner aller möglichen Aktivitäten seien, weil wir diese frei und selbsterhaltend wissen möchten. Wenn wir also meinen, dass der Staat sich nicht mit Steuergeldern in religiöse Angelegenheiten einmischen sollte, sind wir Atheisten. Wenn wir meinen, dass der Staat sich nicht mit Steuergeldern in die Bildung einmischen sollte, hassen wir die Aufklärung. Wenn wir meinen, dass der Staat Grundstücken oder Industriezweigen nicht durch den Einsatz von Steuermitteln fiktiven Wert verleihen sollte, sind wir Eigentums- und Arbeitnehmerfeinde. Wenn wir meinen, dass der Staat keine Künstler fördern sollte, sind wir Barbaren, welche die Künste als nutzlos erachten.

Gegen solche Rückschlüsse protestiere ich mit all meiner Kraft.

Wenn wir sagen, dass der Staat die freie Entwicklung all dieser menschlichen Aktivitäten schützen sollte, ohne einigen auf Kosten anderer zu helfen, so vertreten wir nicht die absurde Idee, Religion, Bildung, Eigentum, Arbeit und die Künste abzuschaffen. Im Gegenteil! Wir denken, dass all diese lebendigen Kräfte der Gesellschaft sich unter dem Einfluss der Freiheit harmonischer entwickeln könnten und, anders als wir es heute sehen, keine von ihnen in einem solchen Szenario Quelle des Ärgers, Missbrauchs, der Tyrannei und der Unordnung wäre.

Unsere Widersacher glauben, dass eine Aktivität, die durch die Regierung weder gefördert noch reguliert wird, eine vernichtete Aktivität ist. Ihr Zutrauen Glaube gilt dem Gesetzgeber, nicht der Menschheit. Unser Zutrauen gilt der Menschheit, nicht dem Gesetzgeber.

So sagte Herr Lamartine: „Diesem Prinzip folgend müssten wir alle öffentlichen Ausstellungen, welche Ehre und Reichtum dieses Landes sind, *abschaffen*."

Ich entgegnete Herrn Lamartine: „Ihrer Denkart zufolge bedeuten *nicht zu subventionieren* und *abzuschaffen* dasselbe, da Sie aus der Annahme, dass nichts ohne den Willen des Staates existiert, schließen, dass nichts lebt, dem nicht vom Staat Leben eingehaucht wird. Doch ich wende das von Ihnen gewählte Beispiel gegen Sie und weise Sie darauf hin, dass die großartigste und nobelste aller Ausstellungen, welche dem liberalsten, universellsten und – ohne Übertreibung gesagt – humanitärsten Geiste entsprang, die ist, die gerade in London vorbereitet wird und die einzige darstellt, an welcher weder Regierung noch Steuergelder teilhaben.

Zurück zu den schönen Künsten: Es gibt, wie ich wiederholen möchte, gute Gründe für und gegen eine Subventionierung. Der Leser verstehe, dass das Ziel dieses Buches mich weder dazu nötigt, diese Gründe zu erklären noch eine Entscheidung zu ihren Gunsten oder Ungunsten zu treffen.

Doch Herr Lamartine hat ein Argument vorgebracht, das ich nicht stillschweigend dahingestellt sein lassen kann, da es das Thema dieser wirtschaftswissenschaftlichen Studie betrifft.

Er sagte:

„Die wirtschaftliche Frage ist, soweit es Theater betrifft, in einem Wort zusammenzufassen: Arbeit. Es spielt kaum eine Rolle, welcher Natur diese Arbeit ist – sie ist so fruchtbar und produktiv wie jede andere Art von Arbeit in einer Nation. Wie Sie wissen, ernähren und entlohnen die Theater Frankreichs nicht weniger als 80.000 Arbeiter verschiedenster Disziplinen: Maler, Steinmetze, Bühnen- und Kostümbildner, Architekten etc. Sie sind das Leben und die Bewegung mehrerer Viertel dieser Hauptstadt und sollten daher Ihre Sympathien haben!"

Ihre Sympathien! Übersetzt: Ihre Geldmittel.

Und weiter:

„Die Freuden Paris' sind Beschäftigung und Konsum der Provinzen, und der Luxus der Reichen ist Lohn und Brot der 200.000 Arbeiter aller Art, welche durch die vielen Industrien der Theater im Angesichte der Republik existieren und durch diese noblen Vergnügungen, die Frankreich seinen Glanz verleihen, ihren Lebensunterhalt und den ihrer Familien und Kinder erhalten. Ihnen werden Sie diese 60.000 Franken geben." (Sehr gut! Sehr gut! Großer Applaus.)

Ich für meinen Teil muss unter der wohlverstandenen Einschränkung auf die wirtschaftswissenschaftliche Frage, um die es mir hier geht, leider sagen: *Sehr schlecht! Sehr schlecht!*

Ja, zumindest ein Teil der 60.000 Franken wird an die Arbeiter des Theaters gehen, vielleicht abzüglich einigen Bestechungsgeldes, das auf dem Weg verlorengeht. Vielleicht werden wir bei näherer Betrachtung feststellen, dass der Kuchen eine andere Richtung nahm und jene Arbeiter Glück hatten, die ein paar Krümel abbekamen. Doch ich gestehe um des Argumentes willen zu, dass die vollständige Summe an Maler, Bühnen- und Kostümbildner, Friseure etc. geht. *Das ist es, was man sieht*.

Doch woher kommt sie? Das ist die *Kehrseite* der Frage und genauso wichtig wie ihre *sichtbare*. Was ist die Quelle dieser 60.000 Franken? Und *wohin flössen sie*, wenn eine Abstimmung der Legislative sie nicht über die Rue Rivoli in die Rue Grenelle umleitete? *Das ist es, was man nicht sieht*.

Sicherlich wird niemand behaupten wollen, dass diese Summe durch die Abstimmung in der Wahlurne herbeigezaubert wurde und sie eine Ausweitung des nationalen Reichtums darstellt. Dass diese 60.000 ohne die Abstimmung für immer unsichtbar und ungreifbar geblieben wären. Es muss zugestanden werden, dass die Mehrheit nichts weiter tun kann, als zu entscheiden, dass die Summe an einer Stelle erhoben und an eine andere ausgezahlt werden soll; dass diese also nur dann in eine Richtung gesandt werden kann, wenn sie aus einer anderen abgezweigt wurde.

Da dies nun der Fall ist, wird klar, dass der Steuerzahler, der einen Franken beitrug, ihn nicht länger zur Verfügung hat. Es ist klar, dass ihm Bedürfnisbefriedigung in Entsprechung eines Franken versagt wird und der Arbeiter, wer immer er auch sein mag, der diesen Franken von ihm erhalten hätte, ebenfalls auf den Nutzen desselben verzichten muss.

Lassen wir uns also nicht von einer kindischen Illusion zu dem Glauben verleiten, dass eine Abstimmung vom 16. Mai zugunsten der Subvention irgendetwas zum Wohlstand des Landes oder seines Arbeitsmarkts *beitrug*. Sie *verschob* Bedürfnisbefriedigung und *verteilte* Gehälter *um* – das ist alles.

Soll behauptet werden, dass sie eine Art von Bedürfnisbefriedigung und Verrichtung durch eine dringlichere, moralischere, vernünftigere ersetzt? Ich könnte dem widersprechen und sagen, dass man, indem man dem Steuerzahler 60.000 Franken entlockt, die Löhne von Bauern, Entwässerern, Zimmerleuten und Schmieden drückt, während man die von Sängern, Friseuren, Bühnen- und Kostümbildnern proportional erhöht. Durch nichts ließe sich beweisen, dass letztere Klasse der Sympathie würdiger wäre als erstere. Herr Lamartine behauptet das auch nicht. Er selbst sagt, dass der Arbeiter der Theater *ebenso* (aber *zu keinem höheren Grade*) fruchtbar und produktiv sei, wie jeder andere, was angezweifelt werden kann, da der beste Beweis dafür, dass ersterer nicht so fruchtbar wie letzterer ist, darin besteht, dass letzterer dazu aufgerufen wird, ersteren zu subventionieren.

Doch dieser Vergleich zwischen Wert und intrinsischem Verdienst verschiedener Tätigkeiten gehört nicht zu meinem aktuellen Thema. Alles, was ich hier demonstrieren muss, ist, dass Herr Lamartine und die Befürworter seiner Argumente nicht nur mit dem linken Auge die von Theaterbediensteten gewonnenen Löhne hätten sehen sollen, sondern zudem mit dem rechten die von den Dienstleistern der Steuerzahler verlorenen. In Ermangelung dessen machen sie sich durch die Verwechslung von *Umverteilung* und *Gewinn* lächerlich. Wären sie in ihrer Doktrin konsequent, kennten ihre Forderungen nach Regierungshilfe keine Grenzen, denn was für einen Franken und sechzigtausend Franken gilt, gilt unter ansonsten gleichen Bedingungen auch für eine Milliarde Franken.

Wenn es um Steuern geht, meine Herren, sollten Sie deren Nutzen am Kern der Sache belegen, nicht durch die unglückliche Behauptung: „Öffentliche Ausgaben erhalten die Arbeiterklasse am Leben." Diese Behauptung verschleiert die Tatsache, dass *öffentliche Ausgaben immer private ersetzen* und wir daher lediglich einem Arbeiter auf Kosten eines anderen Lebensunterhalt beschaffen, aber zum Los der Arbeiterklasse insgesamt nichts beitragen. Ihre Argumente sind heutzutage zwar sehr in Mode, aber zu absurd, als dass sie durch so etwas wie Vernunft zu rechtfertigen wären.

V. Öffentliche Bauprojekte

Nichts ist natürlicher, als dass eine Nation, nachdem sie sich davon überzeugte, dass eine Großunternehmung die Gemeinschaft bereichern wird, diese nach generellem Einvernehmen mit gemeinschaftlichen Mitteln realisieren lässt. Doch ich gebe zu, die Geduld zu verlieren, wenn ich diesen ökonomischen Unsinn in Fürsprache eines solchen Projektes höre: „Davon abgesehen wird es Arbeitsplätze schaffen."

Der Staat legt eine Straße, baut einen Palast, begradigt eine Fahrbahn, zieht einen Kanal – und schafft so bestimmten Arbeitern Arbeit. *Das ist es, was man sieht.* Doch er versagt anderen Arbeitern anderswo die Arbeit, *was nicht gesehen wird.*

Der Straßenbau wird begonnen. Eintausend Arbeiter kommen jeden Morgen an, ziehen sich jeden Abend zurück und nehmen ihren Lohn mit, soviel ist sicher. Wäre die Straße nicht in Auftrag gegeben und das Baumaterial nicht zur Verfügung gestellt worden, hätten diese guten Leute hier weder Arbeit noch Lohn gefunden, das ist ebenfalls sicher.

Aber ist das alles? Beinhaltet die ganze Operation nicht noch etwas anderes? Sinken die Millionen in dem Moment, in welchem Herr Dupin[16] verkündet: „Die Versammlung hat beschlossen", wundersamerweise auf einem Mondstrahl in die Tresore der Herren Fould[17] und Bineau[18] herab? Muss der Staat zum Abschluss der Operation nicht ebenso Einnahmen organisieren, wie er es mit den Ausgaben tut? Muss er nicht seine Steuereintreiber aussenden und seine Steuerzahler zur Kasse bitten?

16 Pierre Charles François Dupin (1784–1873), französischer Mathematiker, Ingenieur, Ökonom und Politiker. (Anmerkung d. Hrsg.)

17 Achille Fould (1800–1867), französischer Bankier und Politiker. Anmerkung d. Hrsg.

18 Jean-Martial Bineau (1805–1855), französischer Ingenieur und Politiker. Anmerkung d. Hrsg.

Betrachten Sie die Angelegenheit von beiden Seiten. Während Sie daran denken, wofür der Staat die beschlossenen Millionen ausgibt, sollten Sie auch das, wofür die Steuerzahler die gleichen Millionen ausgegeben hätten und nun nicht mehr ausgeben können, bedenken. Dann werden Sie verstehen, dass ein staatliches Vorhaben eine zweiseitige Münze ist. Auf der einen Seite ist der tätige Arbeiter eingraviert und unter ihm die Phrase: *Das, was gesehen wird*; auf der anderen ein Arbeitsloser, mit der unter ihm stehenden Phrase: *Das, was nicht gesehen wird*.

Der Sophismus, gegen welchen sich dieses Buch stellt, wird auf öffentliche Projekte bezogen besonders gefährlich, weil er dann die verschwenderischsten und extravagantesten Unternehmungen zu rechtfertigen imstande ist. Wenn eine Eisenbahn oder Brücke von wirklichem Nutzen ist, so reicht es, sich auf diesen Nutzen zu berufen. Doch was wird getan, wenn man das nicht tun kann? Man sucht bei folgender Verdrehung Zuflucht: „Man muss den Arbeitern Arbeit schaffen."

Folglich wird die Anweisung gegeben, die Terrassen des Champ-de-Mars auf- und wieder abzubauen.

Napoleon[19] glaubte angeblich, Philanthropisches zu tun, wenn er befahl, Gräben ziehen und wieder zuschütten zu lassen. Auch sagte er: „Was zählt schon das Resultat? Man muss nur den sich in den Arbeiterklassen ausbreitenden Wohlstand sehen."

Gehen wir den Dingen auf den Grund. Geld getäuscht uns. Die Mitwirkung aller Bürger an einem öffentlichen Projekt in Form von Geld einzufordern, bedeutet in Wirklichkeit, sie in Form von Naturalien einzufordern, da jeder sich durch Arbeit die Summe verschaffte, um die er nun besteuert wird. Wenn nun alle Bürger dazu aufgerufen würden, in Zusammenarbeit ein gemeinnütziges Projekt zu realisieren, so wäre das verständlich und ihre Belohnung im Resultat der Arbeit selbst zu suchen. Doch wenn wir sie, nachdem wir sie zusammengerufen haben, unter dem Vorwand, ihnen Arbeit zu verschaffen, dazu zwängen, Straßen zu bauen, die keiner befahren wird, und Paläste zu errichten, die niemand bewohnen wird, wäre das absurd und sie würden mit Recht protestieren: Mit dieser Arbeit sind wir nicht sinnvoll beschäftigt; wir ziehen es vor, in eigener Sache zu arbeiten.

19 Napoleon Bonaparte (1769–1821), französischer Feldherr und Kaiser. Anmerkung d. Hrsg.

Ein Prozess, der darin besteht, die Bürger zur Kooperation in Form von Geld statt Arbeit zu zwingen, ändert an diesen allgemeinen Resultaten nichts. Der einzige Unterschied ist, dass der Verlust in letzterem Fall alle treffen würde. Im ersteren Fall entgehen Staatsbedienstete ihrem Anteil des Verlustes, indem sie ihn jenem hinzuaddieren, den ihre Mitbürger bereits tragen müssen.

In unserer Konstitution gibt es einen Artikel, der folgendermaßen lautet:

„Die Gesellschaft begünstigt und fördert die Entwicklung des Arbeitsmarktes ... indem sie öffentliche Projekte des Staates, der Ministerien und Gemeinden dazu einsetzt, Arbeitssuchenden eine Beschäftigung zu verschaffen."

Als eine kurzfristige Maßnahme in Notfällen oder während eines harten Winters mag dieser Übergriff auf die Steuerzahler positive Effekte haben. Er funktioniert in etwa wie eine Versicherung. Er trägt nichts zum Arbeitsmarkt oder dem Lohnniveau bei, überträgt jedoch – unter Verlust – Arbeit und Löhne von gewöhnlichen Zeiten auf schwierige.

Als eine permanente, allgemeine, systemische Maßnahme jedoch, ist er nichts als eine ruinöse Mystifikation, eine Unmöglichkeit, ein Widerspruch, der eine geringe Menge angeregter Tätigkeit vorzeigt, *welche gesehen wird*, und eine große Menge an verhinderter Arbeit nach sich zieht, *welche nicht gesehen wird*.

VI. Mittelsmänner

Die Gesellschaft stellt die Ganzheit aller erzwungenermaßen und freiwillig erbrachten, also öffentlichen oder privaten Dienstleistungen dar.

Erstere werden durch das Gesetz vorgeschrieben, welches selbst dann nicht immer leicht zu ändern ist, wenn dies angebracht wäre. Daher können sie fortdauern und sich die Bezeichnung ´öffentliche Dienste´ selbst dann bewahren, wenn sie nicht länger Dienste, sondern öffentliche Schikanen darstellen. Private Dienstleistungen fallen in die Sphäre des Willens und der persönlichen Verantwortung. Jeder gibt und nimmt, was er nach einer Abwägung der Vor- und Nachteile wünscht und kann. Solche Dienstleistungen werden stets anhand ihrer tatsächlichen Nützlichkeit beurteilt, welche durch ihren Vergleichswert genau ermessen wird.

Das sind die Gründe, aus denen erstere Dienstleistungen so oft mit Stagnation behaftet sind, während letztere dem Gesetz des Fortschrittes gehorchen.

Obwohl ein übermäßiges Wachstum öffentlicher Dienste die Gesellschaft mit der Verschwendung der in sie investierten Ressourcen und einem so entstehenden unheilvollen Parasitentum belastet, gibt es eigenartigerweise moderne Sekten, die dies dem privaten Sektor zuschreiben und Berufe zu Ämtern machen wollen.

Diese Sekten stehen in erbitterter Opposition zu den von ihnen sogenannten *Mittelsmännern*. Am liebsten würden sie den Kapitalisten, Bankier, Spekulanten, Unternehmer, den Händler und den Kaufmann abschaffen, da sie ihnen vorwerfen, sich zwischen Produktion und Konsum zu stellen, um aus beiden Wert abzupressen, ohne im Gegenzug eine Leistung zu erbringen. Oder vielmehr würden sie diese Tätigkeiten, da sie nicht so ohne Weiteres abgeschafft werden können, dem Staat übertragen.

Der Sophismus der Sozialisten besteht darin, der Öffentlichkeit darzulegen, was sie den *Mittelsmännern* für ihre Dienste bezahlt, aber zu verheimlichen, was sie dem Staat für dieselben bezahlen müsste. Es ist immer der Kampf zwischen dem, was sich direkt vor unseren Augen abspielt und dem, was sich nur dem Verstand zeigt – dem, *was man sieht* und dem, *was man nicht sieht*.

Vor allem 1847 während der Hungersnot versuchten die sozialistischen Schulen erfolgreich, ihre verhängnisvolle Theorie populär zu machen. Sie waren sich darüber im Klaren, dass die absurdeste Propaganda bei leidenden Menschen immer eine gewisse Chance hat; *malesuada fames*.[20]

So schwärzten sie mit grandiosen Worten – *die Ausbeutung der Menschen durch den Menschen, Spekulation auf Hunger, Monopolisierung* – den Handel an und warfen einen Schleier über seine Wohltaten.

„Warum", sagten sie, „überlässt man es den Händlern, Nahrung aus den Vereinigten Staaten oder der Krim zu importieren? Warum organisieren nicht Staat, Bezirke und Gemeinden Lebensmittelversorgung und -lagerung? Sie würden zum *Selbstkostenpreis* weiterverkaufen und das Volk, das arme Volk wäre von Tributen an den freien, d.h. egoistischen, individualistischen und anarchischen Handel entlastet."

Der Tribut, welchen die Menschen an den Handel zahlen, ist das, *was gesehen wird*. Der Tribut, welchen sie in einem sozialistischen System an den Staat oder dessen Agenten zahlen müssten, ist, *was nicht gese-*

---

20 „zum Bösen verführender Hunger" – ein Zitat aus Vergils Aeneis. Anmerkung d. Hrsg.

hen wird. Worin besteht dieser angebliche Tribut an den Handel? Darin, dass zwei Menschen einander in Freiheit und unter dem Druck des Konkurrenz- und Preiskampfes einen gegenseitigen Dienst erbringen. Wenn sich der hungrige Bauch in Paris befindet, und das Getreide, welches ihn sättigen könnte, in Odessa, kann das Leid erst dann ein Ende haben, wenn das Getreide in Kontakt mit dem Bauch gebracht wird. Es gibt drei Wege, diesen Kontakt herzustellen. Erstens kann der verhungernde Mensch das Getreide selbst holen gehen. Zweitens kann er diese Aufgabe jenen überlassen, zu deren Gewerbe sie gehört. Drittens können sie sich zusammentun und die Aufgabe öffentlichen Funktionären anvertrauen.

Welche dieser drei Methoden besitzt die meisten Vorteile?

Zu allen Zeiten und in allen Ländern haben die Menschen, je freier, aufgeklärter und erfahrener sie sind, *freiwillig* die zweite gewählt. Ich muss gestehen, dass dies meiner Meinung nach ausreicht, um dieser Wahl den Vorzug zu geben. Ich kann nicht glauben, dass die Menschheit als ganze sich selbst in einer Sache, die sie so empfindlich berührt, in die Irre führt.

Aber lassen Sie uns das Problem dennoch prüfen.

Dass sich sechsunddreißig Millionen Menschen nach Odessa aufmachen, um dort das von ihnen benötigte Getreide zu holen, ist offensichtlich nicht durchführbar. Die erste Option ist also aus dem Spiel. Die Verbraucher können nicht auf sich allein gestellt vorgehen, sondern müssen sich an *Mittelsmänner*, Beamte oder Händler wenden.

Die erste dieser drei Gruppen stellt jedoch die natürlichste dar. Im Grunde ist es Sache des Hungrigen, sich das Getreide zu besorgen. Es ist eine *Mühe*, die ihn selbst angeht und ein Dienst, den er sich selbst schuldet. Wenn ein anderer, auf welche Weise auch immer, ihm diesen *Dienst* erweist und ihm diese Mühe abnimmt, so hat derjenige ein Recht auf Entschädigung. Was ich hiermit sagen will, ist, dass die Dienstleistungen von Mittelsmännern das Prinzip der Vergütung bereits in sich tragen. Wie dem auch sei – da wir uns auf das beziehen müssen, was die Sozialisten als einen Parasiten bezeichnen, möchte ich fragen, wer den weniger unersättlichen Parasiten darstellt: der Händler, oder der Beamte?

Der Handel (und damit meine ich natürlich den freien Handel, denn wie sollte ich sonst für ihn einstehen können?), der Handel, sage ich, ist aus Eigeninteresse geneigt, die Jahreszeiten zu studieren, Tag für Tag den Stand der Ernten zu überprüfen, Informationen von allen Punkten der Erde zusammenzutragen, den Bedarf vorauszusehen und frühzeitig Vorsorge zu treffen. Er hat Schiffe bereitstehen, allerorts Korrespondenten und sein unmittelbares Interesse besteht darin, zum bestmöglichen Preis einzukaufen, bei jedem Schritt eines Geschäfts zu sparen und mit dem geringsten Aufwand die größtmöglichen Ergebnisse zu erzielen. Es sind nicht nur französische Händler, sondern Händler auf der ganzen Welt, welche die Versorgung Frankreichs am Tage der Notwendigkeit vorbereiten; und wenn ihr Eigeninteresse sie unweigerlich dazu antreibt, diese Aufgabe zu den geringstmöglichen Kosten zu bewerkstelligen, so bringt der unter ihnen entstehende Konkurrenzkampf sie nicht weniger unweigerlich dazu, die Verbraucher an den daraus resultierenden Einsparungen teilhaben zu lassen. Der Handel hat ein Interesse daran, den ankommenden Weizen so schnell wie möglich zu verkaufen, um seine Risiken auszuschalten, seine Gewinne zu realisieren und den gesamten Prozess gegebenenfalls erneut zu beginnen. Durch Preissignale gelenkt, verteilt der Handel Nahrungsmittel über die gesamte Fläche des Landes. Er beginnt stets dort, wo der Preis am höchsten, d.h. der Bedarf am größten ist. Es ist unmöglich, sich eine besser auf die Interessen Bedürftiger ausgerichtete Organisation vorzustellen und die von den Sozialisten ungesehene Schönheit dieser Organisation entspringt gerade ihrer Freiheit. Ja, der Kunde wird dazu angehalten, Händlern die Kosten der Verladung, des Transports, der Lagerung, Kommissionen usw. zu erstatten, aber kann es irgendein System geben, in welchem derjenige, der Getreide isst, nicht dazu verpflichtet wird, jene Kosten zu erstatten, die dabei anfielen, es ihm erreichbar zu machen? Der Lohn für diese *Dienstleistung* muss ebenfalls bezahlt werden, wobei dieser jedoch durch Konkurrenzdruck weitestmöglich gedrückt wird. Und was die Gerechtigkeit des Ganzen anbelangt, so wäre es schon sehr eigenartig, wenn Pariser Handwerker nicht für die Händler Marseilles arbeiteten, während die Händler Marseilles für Pariser Handwerker arbeiten.

Was wird nun geschehen, wenn der sozialistischen Erfindung gemäß der Staat an die Stelle des Handels tritt? Ich bitte darum, mir zu sagen, an welcher Stelle die Ersparnisse der Öffentlichkeit realisiert werden sollen. Beim Einkaufspreis? Stellen wir uns vor, dass Delegierte aus 40.000 Gemeinden an einem beliebigen Tag in Odessa auftauchen und ihren Bedarf anmelden – was wäre die Auswirkung dessen auf die

Preise? Würde an Kosten gespart? Wären weniger Schiffe notwendig, oder weniger Seeleute, weniger Transportwägen, weniger Verladungs- und Lagerstätten, oder wäre man von der Bezahlung all dieser Dinge befreit? Würde bei den Profiten der Händler gespart? Werden Ihre Beamten umsonst nach Odessa gehen? Würden sie aus Brüderlichkeit reisen und arbeiten? Werden sie nicht leben und für ihre Zeit bezahlt werden müssen? Glauben Sie nicht, dass diese Kosten die zwei oder drei Prozent an Händlerprofiten um ein Tausendfaches übersteigen müssten?

Und bedenken Sie zudem die Schwierigkeit der notwendigen Steuererhebungen und der Verteilung solcher Lebensmittelquantitäten. Bedenken Sie die Ungerechtigkeiten und Missbräuche, die mit einer solchen Unternehmung untrennbar verbunden wären. Bedenken Sie die Verantwortung, die auf der Regierung lastete.

Die Sozialisten, die diese Torheiten ersannen und sie den Geistern der Masse in Zeiten der Not einflößen, bezeichnen sich selbst großmütig als *fortschrittliche Menschen*. Es besteht die Gefahr, dass der Sprachgebrauch, dieser Tyrann des Volksmundes, den Begriff dadurch legitimiert, dass er ihm die durch die Wortwahl implizierte moralische Geltung verleiht. *Fort-*

schrittliche! Das impliziert, dass diese Herren mehr Weitblick als das gewöhnliche Volk besäßen; dass ihr einziger Fehler darin bestünde, ihrer Zeit zu weit voraus zu sein, und es die Schuld der hinterm Sozialismus zurückbleibenden Öffentlichkeit wäre, sollte die Zeit noch nicht reif sein für die Unterdrückung bestimmter freier Dienstleistungen oder angeblicher Parasiten. Aus voller Seele und nach bestem Gewissen erkläre ich, dass das Gegenteil der Fall ist und ich nicht weiß, in welches barbarische Zeitalter wir zurückfallen müssten, um auf den Stand des sozialistischen Verständnisses dieser Belange zu kommen.

Diese modernen Sektierer stellen der tatsächlichen Gesellschaft unentwegt ihre politischen Bünde entgegen. Sie übersehen, dass eine freie Gesellschaft eine wirkliche Vereinigung darstellt, welche all jenen, die ihrer fruchtbaren Fantasie entspringen, weit überlegen ist.

Verdeutlichen wir uns dies mit einem Beispiel:

Damit jemand morgens nach dem Aufstehen Kleidung anziehen kann, muss Land eingezäunt, gerodet, entwässert, gepflügt und mit einer bestimmten Pflanzenart besät worden sein; Tiere waren mit dieser zu füttern, um Wolle zu produzieren; diese Wolle musste man spinnen, weben, färben und zu Stoff verarbeiten;

dieser Stoff musste geschnitten, vernäht und zu Kleidung gemacht werden. Und diese Reihe an Vorgängen setzt ihrerseits eine Reihe anderer voraus, denn sie impliziert den Einsatz von Ackerwerkzeugen, Schafställen, Fabriken, Steinkohle, Maschinen, Transportwagen usw.

Würde es sich bei der Gesellschaft nicht um eine sehr reale Vereinigung handeln, wäre jemand, der ein Kleidungsstück wollte, darauf angewiesen, es sich in Isolation zu erarbeiten, d.h. die unzähligen Schritte dieses Prozesses selbst zu vollziehen, vom ersten ihn beginnenden Axthieb bis zum letzten ihn abschließenden Nadelstich.

Doch Dank des sozialen Zusammenschlusses, welcher unsere Spezies kennzeichnet, werden diese Handlungen nicht nur über eine Vielzahl von Gewerken verteilt, sondern zum Wohle der Allgemeinheit immer weiter ausdifferenziert, solange der dadurch anspringende Konsum neue Berufe aufrechtzuerhalten imstande ist. Die Aufteilung der Profite richtet sich dann nach dem Wert, den jeder Einzelne zum Gesamtwerk beisteuerte. Wenn das keine Vereinigung ist, wüsste ich gerne, was es sein soll.

Beachten Sie, dass keiner dieser Arbeiter auch nur den kleinsten Partikel Materie aus dem Nichts hervorbrachte, sondern dass sie sich lediglich gegenseitig Dienste leisteten, sich zu einem gemeinsamen Zweck gegenseitig halfen und dass alle in Bezug aufeinander als *Mittelsmänner* betrachtet werden können. Wenn der Gütertransport im Rahmen dieser Arbeitsabläufe bedeutsam genug wird, um eine Person zu beschäftigen, das Spinnen eine zweite, das Weben eine dritte – warum sollte die erste als *parasitärer* betrachtet werden als die anderen beiden? Der Transport hat stattzufinden, richtig? Widmet derjenige, der ihn bewerkstelligt, ihm keine Zeit und Mühe? Erspart er sie damit nicht seinen Partnern? Tun diese mehr oder anderes als er? Sind sie nicht alle dem Gesetz der *einvernehmlichen Preisbildung* unterworfen, was die Bezahlung für ihre Dienstleistungen angeht? Findet diese Arbeitsteilung nicht in aller Freiheit und zum Wohle der Allgemeinheit durch gegenseitige Vereinbarungen statt? Wozu brauchen wir dann einen Sozialisten, der unter dem Vorwand der Organisation auf despotische Weise unsere freiwilligen Vereinbarungen auflöst, die Arbeitsteilung zum Stillstand bringt, vereinzelte Mühen an die Stelle gemeinsamer Anstrengungen setzt und die Zivilisation zurückwirft?

Ist eine Vereinigung, wie ich sie hier beschreibe, eine geringere, weil jeder frei in sie ein- oder aus ihr austreten kann, sich selbst seinen Platz in ihr sucht, seine Verantwortlichkeiten selbst erwägt und wählt und bei alldem durch die Triebfeder des Eigeninteresses motiviert wird? Muss sie sich ihren Namen dadurch verdienen, dass ein angeblicher Reformer ihr seinen Willen und Plan aufzwingt, um die Menschheit gewissermaßen in ihm selbst zu bündeln?

Je mehr man diese *fortschrittlichen Schulen* untersucht, desto deutlicher wird es, dass ihnen letztendlich nur eines zugrunde liegt: Unwissenheit, welche sich selbst für unfehlbar erklärt und im Namen dieser Unfehlbarkeit den Despotismus einfordert.

Der Leser möge diesen Exkurs entschuldigen. Er ist vielleicht nicht überflüssig in einer Zeit, in welcher die aus den Büchern der Saint-Simonisten[21], Phalansteristen[22] und Ikarier[23] hervorquellenden Deklamationen gegen Mittelsmänner in den Journalismus ein- sowie

---

21 Henri de Saint-Simon (1760–1825), französischer Philosoph, Soziologe und politischer sowie wirtschaftlicher Theoretiker. Anmerkung d. Hrsg.

22 Ein Phalanstère ist ein von Charles Fourier (1772–1836) erdachtes Gebäude, in welchem eine utopistische Produktionsgenossenschaft autonom lebt und arbeitet. Anmerkung d. Hrsg.

23 Ikarien ist der namensgebende fiktive Inselstaat aus Étienne Cabets utopistischem Roman *Voyage en Icarie* (Reise nach Ikarien). Anmerkung d. Hrsg.

auf die Tribüne vordringen und die Freiheit der Arbeit und des Handels ernsthaft bedrohen.

VII. Restriktionen

M. Prohibant (nicht ich, sondern M. Charles Dupin gab ihm diesen Namen) widmete seine Zeit und sein Kapital der Umwandlung des auf seinem Land vorkommenden Erzes in Eisen. Da die Natur den Belgiern gegenüber freigiebiger gewesen war, verkauften sie den Franzosen ihr Eisen billiger als Herr Prohibant es tat, was bedeutete, dass die Franzosen bzw. Frankreich eine bestimmte Menge Eisen *mit weniger Arbeit* erhalten konnten, indem sie es von den ehrlichen Flamen kauften. Die Franzosen ließen sich von ihren Interessen leiten, taten genau das, und jeden Tag sah man eine Vielzahl von Nagel- und Hufschmieden, Wagnereien, Mechanikern oder Eisen- und Landarbeitern, die selbst nach Belgien gingen oder Mittelsmänner dorthin entsandten, um sich mit belgischem Eisen zu versorgen. Dies missfiel Herrn Prohibant sehr. Zunächst kam ihm der Gedanke, diesem Missstand aus eigener Kraft ein Ende zu machen. Dies schien ihm das Mindeste zu sein, da er der einzig Leidtragende war. „Ich nehme mein Gewehr", sagte er sich, „stecke mir vier Pistolen in den Gürtel, schnüre mir meinen Harnisch um, gürte mich mit meinem Schwert und gehe so ausgerüstet zur Grenze. Dort werde ich den ersten Eisen-, Nagel- oder Hufschmied, Mechaniker oder Schlosser, der auftaucht, um seinen und nicht meinen Geschäften nachzugehen, töten und damit lehren, wie man zu leben hat."

Doch vor der Abreise stellte er einige Überlegungen an, die seinen Kriegseifer ein wenig dämpften. Er sagte sich: „Erstens ist es nicht vollkommen unmöglich, dass die Eisenkäufer, meine Landsleute und Feinde, mir das Ganze übelnehmen und mich töten, anstatt sich töten zu lassen. Zweitens könnte ich selbst unter Einsatz all meiner Diener nicht alle Pässe überwachen. Drittens würde mich das Unterfangen wesentlich mehr kosten als es das Resultat rechtfertigte."

Herr Prohibant war kurz davor, sich traurig mit seinem Schicksal, wie alle anderen lediglich frei zu sein, abzufinden, als ein Lichtstrahl sein Gehirn erleuchtete. Er erinnerte sich daran, dass es in Paris eine große Gesetzesfabrik gibt. „Was ist ein Gesetz?", sann er nach. „Es ist eine Maßnahme, an die sich jeder zu halten hat, wenn sie einmal erlassen wurde, sei sie nun gut oder schlecht. Zu ihrer Durchsetzung wird eine öffentliche Gewalt organisiert, indem der Nation zu diesem Zweck Menschen und Geld abgeführt werden."

„Wenn ich es also erreichte, dass aus der großen Pariser Fabrik ein kleines Gesetz mit dem Wortlaut ‚Belgisches Eisen ist verboten' käme, würde ich damit folgende Resultate erzielen: Die Regierung würde die paar Knechte, die ich an die Grenze schicken wollte, durch zwanzigtausend Söhne der widerspenstigen Eisengießer, Schlosser, Nagel- und Hufschmiede, Handwerker, Mechaniker und Landwirte ersetzen. Um diese zwanzigtausend Zöllner wohlgestimmt und gesund zu halten, würde sie dann fünfundzwanzig Millionen Franken von denselben Gießereien, Huf- und Nagelschmieden, Handwerkern und Landwirten erheben und an Erstere auszahlen. Die Überwachung wäre besser, für mich kostenlos, ich wäre nicht der Brutalität von Mittelsmännern ausgesetzt, könnte das Eisen zu meinem eigenen Preis verkaufen und käme zudem in den Genuss der süßen Befriedigung, unser großes Volk schändlich getäuscht zu wissen. Das würde es lehren, sich ständig als Herold und Förderer jeglichen Fortschritts in Europa zu bezeichnen. Oh, das wäre ein gewiefter Zug und den Versuch wert."

Also machte sich Herr Prohibant zur Gesetzesfabrik auf. Zu einem anderen Zeitpunkt werde ich vielleicht die Geschichte seiner verborgenen Machenschaften erzählen; heute möchte ich nur von seinen vordergründigen Schritten sprechen. Er brachte bei den Herren Gesetzgebern diese Überlegung vor:

„Belgisches Eisen wird in Frankreich für zehn Franken verkauft, was mich zwingt, das meinige zum gleichen Preis zu verkaufen. Ich würde es lieber für fünfzehn verkaufen, kann das wegen des gottverfluchten belgischen Eisens jedoch nicht. Schaffen Sie ein Gesetz, welches den Import belgischen Eisens nach Frankreich untersagt, so erhöhe ich meinen Preis sofort um fünf Franken. Dies wären die Konsequenzen:

„Für jeden Zentner Eisen, den ich an die Öffentlichkeit liefere, werde ich statt zehn Franken fünfzehn bekommen, dadurch schneller reich, kann meinen Betrieb ausweiten, mehr Arbeiter beschäftigen. Meine Angestellten und ich werden zum großen Vorteil von Lieferanten innerhalb eines meilenweiten Umkreises mehr Geld ausgeben. Da diese nun mehr Absatzmöglichkeiten haben, werden sie mehr Aufträge vergeben, und so wird sich von einem Ort zum anderen Aktivität auf das ganze Land ausbreiten. Dieses selige Geldstück, das Sie in meinen Tresor fallen lassen, wird wie ein ins Wasser geworfener Stein unendlich viele konzentrischer Kreise werfen."

Von dieser Rede bezaubert und entzückt darüber, dass es so einfach ist, den Reichtum eines Volkes per

Gesetz zu vermehren, stimmten die Gesetzgeber für die Handelsbeschränkung. „Was soll das Gerede von Arbeit und Sparsamkeit?", sagten sie. „Welche Verwendung haben wir für derlei mühsame Mittel zur Steigerung des nationalen Reichtums, wenn ein Dekret ausreicht?"

Und in der Tat hatte das Gesetz alle der von Herrn Prohibant angekündigten Folgen; nur hatte es auch andere, denn seine Argumentation war – so viel muss man gerechterweise einräumen – nicht *falsch*, sondern *unvollständig*. Als er ein Privileg forderte, hatte er auf dessen *sichtbare* Effekte hingewiesen, die *unsichtbaren* jedoch verschwiegen. Er hatte nur zwei Figuren erwähnt, wenngleich drei auf der Bühne stehen. Unsere Aufgabe ist es, dieses unbeabsichtigte oder vorsätzliche Versäumnis zu beheben.

Ja, das Gold, das auf diese Weise gesetzlich in den Tresor des Herrn Prohibant umgeleitet wurde, stellt einen Vorteil für ihn und für diejenigen dar, die er beschäftigen soll – und wenn das Dekret dieses Geld vom Mond heruntergeholt hätte, würden diese positiven Effekte durch keinerlei negative aufgewogen. Leider kam das geheimnisvolle Geldstück nicht vom Mond, sondern aus der Tasche eines Eisenarbeiters, Nagel- oder Hufschmieds, Wagners, Pflügers, Baumeisters, mit einem Wort, von Jacques Bonhomme[24], der es jetzt herausgeben muss, ohne ein Milligramm Eisen mehr zu erhalten als zu der Zeit, zu welcher er dafür nur zehn Francs zahlte. Schon auf den ersten Blick muss man erkennen, dass dies die Sache sehr verändert, denn natürlich wird Herrn Prohibants Gewinn durch Jacques Bonhommes Verlust ausgeglichen, und alles, was Herr Prohibant mit diesem Geld zur Förderung der nationalen Arbeit tun wird, hätte Jacques Bonhomme ebenso getan. Der Stein wird nur deshalb an einer Stelle ins Wasser geworfen, weil er gesetzlich daran gehindert wurde, an einer anderen Stelle hineingeworfen zu werden.

Das, *was man nicht sieht*, gleicht also das, *was man sieht*, aus und hinterlässt als Rückstand eine – schändlicherweise per Gesetz verordnete – Ungerechtigkeit.

Das ist noch nicht alles. Ich sagte bereits, dass eine dritte Figur stets im Dunkeln bleibt. Sie muss ich an dieser Stelle aufrufen, damit sie uns einen zweiten Verlust von fünf Franken aufdecke. Erst dann werden wir das gesamte Resultat des Eingriffes kennen.

24 Ein Spottname, mit welchem aufständische Bauern im Zuge der im 14. Jahrhundert in Frankreich einsetzenden Bauernrevolten belegt wurden. Anmerkung d. Hrsg.

Jacques Bonhomme ist im Besitz von 15 Franken, den Früchten seines Schweißes. Wir befinden uns noch in der Zeit, in welcher er frei ist. Was macht er mit seinen 15 Franken? Er kauft ein Kleidungsstück für 10 Franken und mit diesem bezahlt er (bzw. ein Mittelsmann für ihn) den Zentner belgischen Eisens. Ihm bleiben noch 5 Franken. Er wirft diese nicht in einen Fluss, sondern (und *das wird nicht gesehen*) gibt sie irgendeinem Händler im Austausch für irgendeine Bedürfnisbefriedigung, z. B. einem Buchhändler für Bossuets *Diskurs über die Universalgeschichte*.

So wird die nationale Arbeit mit 15 Franken auf folgende Weisen gefördert:

10 Franken für das Kleidungsstück;

5 Franken für die Buchhandlung.

Und was Jacques Bonhomme betrifft, so erhält er für seine 15 Franken zwei Gegenstände der Bedürfnisbefriedigung, nämlich:

1. Einen Zentner Eisen;
2. Ein Buch.

Nun tritt das Gesetz in Kraft.

Wie wirkt sich das auf Jacques Bonhommes Situation aus? Oder auf die des Arbeitsmarktes?

Jacques Bonhomme, der seine 15 Franken bis auf den letzte Centimen mit Herrn Prohibant gegen einen

Zentner Eisen tauscht, hat nur noch den Nutzen dieses Zentners Eisen. Er verliert den eines Buches oder eines anderen gleichwertigen Gegenstandes. Er verliert fünf Franken. Dem stimmt man zu; man kann nicht umhin, dem zuzustimmen; man kann nicht umhin, zuzugeben, dass der Verbraucher die Differenz verliert, wenn eine Restriktion den Preis der Dinge erhöht.

Aber, wendet man nun ein, der nationale Arbeitsmarkt gewinnt sie.

Nein, er gewinnt die Differenz nicht, denn auch nach dem Dekret wird er nur in dem Maße gefördert, in welchem er vor ihm gefördert wurde, nämlich in Höhe von 15 Franken.

Nur gehen die 15 Franken von Jean Bonhomme mit dem Inkrafttreten des Gesetzes an die Metallindustrie, während sie zuvor zwischen einem Kleidungsverkäufer und einer Buchhandlung aufgeteilt wurden.

Die von Herr Prohibant an der Grenze ausgeübte Gewalt bzw. die, welche er über das Gesetz dort ausüben lässt, kann moralisch auf sehr unterschiedliche Weisen beurteilt werden. Es gibt Leute, die meinen, Enteignungen verlören ihre Moralwidrigkeit, sofern sie in Gesetze gegossen sind. Ich für meinen Teil kann mir keinen erschwerenderen Umstand vorstellen. Wie dem auch sei – sicher ist, dass die wirtschaftlichen Resultate dieselben bleiben.

Halten Sie es, wie Sie wollen, doch sofern Sie ein scharfes Auge besitzen, werden Sie sehen, dass sowohl legale wie illegale Enteignungen nichts Gutes bedeuten. Wir bestreiten nicht, dass Herrn Prohibant, seine Industrie oder, wenn man so will, die nationale Arbeit einen Gewinn von 5 Franken verzeichnet. Aber wir behaupten, dass auch zwei Verluste entstehen: einer Jacques Bonhomme, der 15 Franken für etwas zahlt, das er zuvor mit 10 erstehen konnte; der andere dem Arbeitsmarkt, welcher diese Differenz nicht mehr erhält. Wählen Sie einen dieser beiden Verluste aus, um ihn mit dem Gewinn, welchen wir zugeben, zu verrechnen. Den anderen müssen wir als einen glatten Verlust verbuchen.

Die Moral all dessen: Sich etwas gewaltsam anzueignen ist keine Produktion, sondern Zerstörung. Wahrlich, wenn Gewalt der Produktion gleichkäme, wäre unser liebes Frankreich reicher als es ist.

VIII. Maschinen

„Verflucht seien die Maschinen! Jedes Jahr stürzt ihre anwachsende Macht Millionen von Arbeitern in die Armut, indem sie ihnen die Arbeit und mit der Arbeit den Lohn und mit dem Lohn das Brot nimmt. Verflucht seien die Maschinen!“

Das ist der Schrei, der aus vulgärem Vorurteil aufsteigt und in den Zeitungen widerhallt.

Aber Maschinen zu verfluchen, heißt, den menschlichen Geist zu verfluchen!

Mich wundert, dass es überhaupt einen Menschen geben kann, dem eine solche Doktrin behagt.

Denn was wäre ihre logische Konsequenz, träfe sie zu? Dass Beschäftigung, Wohlergehen, Reichtum und Glück dummen, geistig unbeweglichen Menschen vorbehalten sind, denen Gott nicht die verhängnisvolle Gabe verliehen hat, zu denken, zu beobachten, logisch zu verknüpfen, zu erfinden und mit den geringsten Mitteln die größtmöglichen Ergebnisse zu erzielen. Im Gegenteil wären Lumpen, schäbige Hütten, Armut und Hunger das Los jeder Nation, die aus Eisen, Feuer, Wind, Elektrizität und Magnetismus die Gesetze der Chemie und Mechanik liest und in den Kräften der Natur eine Ergänzung ihrer eigenen Kräfte sucht und findet. In diesem Fall sollten wir Rousseau[25] zustimmen, wenn er sagt: „Jeder Mensch, der denkt, ist ein verdorbenes Tier.“

---

25 Jean-Jacques Rousseau (1712–1778), Genfer Philosoph, Pädagoge, Schriftsteller und Komponist. Anmerkung d. Hrsg.

Doch das ist nicht alles: Wenn diese Lehre wahr ist, und da alle Menschen denken und erfinden, alle Menschen, vom ersten bis zum letzten, jede Minute ihres Lebens danach streben, die Kräfte der Natur zur Zusammenarbeit zu bewegen, mehr mit weniger zu erreichen, ihren Arbeitsaufwand oder den ihrer Angestellten zu reduzieren und mit der kleinstmöglichen Mühe die größtmögliche Bedürfnisbefriedigung zu erreichen, muss man daraus schließen, dass die gesamte Menschheit gerade durch dieses geistige Streben nach Fortschritt, das jedes ihrer Mitglieder peinigt, in die Dekadenz getrieben wird.

Dann sollte aus den Statistiken hervorgehen, dass die Einwohner von Lancaster diese Heimat der Maschinen fliehen und in Irland, wo diese unbekannt sind, Arbeit suchen; und aus der Geschichte sollten wir lernen, dass der Schatten der Barbarei über Epochen der Zivilisation hängt, während letztere in Zeiten der Unwissenheit und Barbarei aufleuchtet.

Natürlich ist an dieser Ansammlung von Widersprüchen etwas, das uns empört und darauf aufmerksam macht, dass das Problem selbst ein Element der Lösung birgt, welches noch nicht entschleiert wurde.

Hier ist das ganze Geheimnis: Hinter dem, *was man sieht*, verbirgt sich etwas, *das man nicht sieht*.

Ich werde versuchen, es ans Licht zu bringen. Meine Beweisführung kann nur eine Wiederholung der vorangegangenen sein, da es sich um ein identisches Problem handelt.

Solange sie nicht gewaltsam daran gehindert werden, ist es eine natürliche Neigung der Menschen, nach *Günstigem* zu streben – das heißt nach dem, was ihnen bei gleicher Bedürfnisbefriedigung Arbeit erspart –, ob dieses Günstige nun von einem fähigen *ausländischen Produzenten* oder von einem fähigen *mechanischen Produzenten* kommt. Der theoretische Einwand, der gegen diese Neigung vorgebracht wird, ist in beiden Fällen derselbe. Im einen wie im anderen Fall wird ihr vorgeworfen, Arbeit zu verhindern. Doch gerade die Arbeit, welche sie *frei macht*, nicht diejenige, die sie *verhindert*, ist das Wesen dieser Neigung.

Und so wird ihr in beiden Fällen dasselbe praktische Hindernis, nämlich Gewalt, entgegengesetzt. Der Gesetzgeber *verbietet* ausländische Konkurrenz und *untersagt* mechanische Konkurrenz. Denn welch anderes Mittel kann es geben, um eine allen Menschen innewohnende natürliche Neigung zu unterdrücken, als ihnen die Freiheit zu nehmen?

Es ist wahr, dass die Gesetzgeber vieler Länder nur gegen einen der beiden Konkurrenten vorgehen und sich darauf beschränken, über den anderen zu jammern. Das beweist allerdings nur eines, nämlich dass die Gesetzgeber eines solchen Landes inkonsequent sind.

Dies sollte uns nicht überraschen. Wenn man sich auf einem Irrweg befindet, ist man immer inkonsequent, da alles andere den Untergang der Menschheit bedeutete. Niemals hat man ein falsches Prinzip gesehen, noch wird man jemals eines sehen, das bis zu seinem Ende hin verfolgt wird. Ich habe schon an anderer Stelle gesagt: Inkonsequenz ist die Grenze der Absurdität. Ich hätte hinzufügen können: Sie ist zugleich ihr Beweis.

Kommen wir zu unserer Beweisführung, die nicht lange dauern wird.

Jacques Bonhomme hatte zwei Franken, die er an zwei Arbeiter auszahlte. Doch nun denkt er sich eine Vorrichtung aus Seilen und Gewichten aus, die deren Arbeit um die Hälfte verkürzt.

Er erhält also dieselbe Bedürfnisbefriedigung, spart einen Franken und entlässt einen Arbeiter.

Er entlässt einen Arbeiter: *Das ist es, was wir sehen*.

Und weil man nichts anderes sieht, sagt man: „So kommt das Elend über die Zivilisation; so zerstört

Freiheit die Gleichheit. Der menschliche Geist eroberte neues Gebiet, und sofort stürzte ein Arbeiter für immer in den Abgrund der Armut. Es könnte jedoch sein, dass Jacques Bonhomme die beiden Arbeiter weiterhin arbeiten lässt, ihnen aber jeweils nur noch zehn Sous gibt, da sie untereinander konkurrieren und ihre Dienste für einen niedrigeren Lohn anbieten. So kommt es, dass die Reichen immer reicher und die Armen immer ärmer werden. Wir müssen die Gesellschaft umgestalten."

Eine schöne Schlussfolgerung und der blumigen Rede würdig!

Glücklicherweise sind sowohl Rede als auch Schlussfolgerung falsch, denn hinter der *sichtbaren* Hälfte des Phänomens verbirgt sich die andere, *unsichtbare* Hälfte.

Man sieht weder den von Jacques Bonhomme gesparten Franken noch die zwangsläufigen Folgen dieser Ersparnis.

Da Jacques Bonhomme aufgrund seiner Erfindung nur noch einen Franken für dieselbe Bedürfnisbefriedigung ausgibt, bleibt ihm jetzt ein weiterer Franken.

Wenn es nun auf der Welt einen Arbeiter gibt, der seine unbeschäftigten Arme anbietet, so gibt es zugleich irgendwo einen Kapitalisten, der seinen ungenutzten Franken anbietet. Diese beiden Elemente treffen aufeinander und verbünden sich.

Es ist sonnenklar, dass sich das Verhältnis zwischen Angebot und Nachfrage von Arbeit sowie zwischen Angebot und Nachfrage von Lohn keineswegs verändert.

Die Erfindung und ein Arbeiter, der mit dem ersten Franken bezahlt wird, verrichten nun die Arbeit, die vorher von zwei Arbeitern verrichtet wurde.

Der zweite Arbeiter, der mit dem zweiten Franken bezahlt wird, führt ein neues Werk aus.

Wie hat sich die Welt also geändert? In der Nation gibt es eine zusätzliche Bedürfnisbefriedigung. Mit anderen Worten: Die Erfindung ist eine kostenlose Neuerschließung, ein Gratisgewinn für die Menschheit.

Aus der Beweiskette meiner Argumentation ließe sich folgender Schluss ziehen:

„Es ist der Kapitalist, der alle Früchte des Maschineneinsatzes erntet. Die Arbeiter leiden vielleicht nur vorübergehend unter ihm, profitieren aber auch nicht, da Maschinen, wie Sie selbst sagen, einen Teil der nationalen Arbeit *verdrängen*, zwar ohne *Verringerung*, aber auch ohne *Erhöhung* derselben."

Es ist nicht das Ziel dieses Pamphlets, jeden Einwand zu entkräften. Sein alleiniger Zweck besteht darin, ein vulgäres, sehr gefährliches und sehr weit verbreitetes Vorurteil zu bekämpfen. Ich wollte beweisen, dass eine neue Maschine nur dann eine bestimmte Anzahl von Händen verfügbar macht, wenn sie gleichzeitig und notwendigerweise den Lohn für ihre Arbeit verfügbar macht. Freie Arme und Lohn verschmelzen, um etwas zu produzieren, das vor der Erfindung unmöglich war. Das daraus folgende Endresultat der Erfindung ist eine bei gleicher Arbeit gesteigerte Bedürfnisbefriedigung.

Wem kommt diese zusätzliche Bedürfnisbefriedigung zugute?

Ja, zunächst ist es der Kapitalist, der Erfinder, der sich erfolgreich der Maschine bedient – das ist der Lohn seines Genies und seiner Kühnheit. In diesem Fall erzielt er, wie wir gerade gesehen haben, eine Produktionskostenersparnis, die, wie auch immer sie ausgegeben wird (und sie wird immer ausgegeben), gerade so viele Armpaare beschäftigt, wie durch die Maschine entlastet wurden.

Aber bald zwingt ihn die Konkurrenz dazu, seinen Verkaufspreis im Maße dieser Ersparnis zu senken. Und dann ist es nicht mehr der Erfinder, welcher den Profit seiner Erfindung einstreicht; es ist der Käufer seines Produkts, der Verbraucher, die Öffentlichkeit, einschließlich der Arbeiter – mit einem Wort: Es ist die Menschheit.

Und *was nicht gesehen wird*, ist, dass die Ersparnisse, die auf diese Weise allen Verbrauchern zufließen, einen Fonds bilden, aus welchem Löhne in genau der Höhe bezahlt werden können, in welcher sie von der Maschine ersetzt worden sind.

So erhält Jacques Bonhomme, um das obige Beispiel wieder aufzugreifen, ein Produkt, indem er zwei Franken für Löhne bezahlt. Dank seiner Erfindung kostet ihn die Arbeitskraft nur noch einen Franken.

Solange er das Produkt zum gleichen Preis verkauft, ist ein Arbeiter weniger mit der Herstellung dieses speziellen Produkts beschäftigt. *Das ist es, was man sieht*. Aber es wird ein zusätzlicher Arbeiter mit dem Franken beschäftigt, den Jacques Bonhomme eingespart hat: *Das ist es, was man nicht sieht*.

Wenn Jacques Bonhomme durch den natürlichen Lauf der Dinge gezwungen wird, den Preis seines Produkts um einen Franken zu senken, dann spart er nicht mehr; dann verfügt er nicht mehr über einen Franken, um den nationalen Arbeitsmarkt mit einer zusätzlichen Produktionseinheit zu beauftragen. In diesem Fall tritt jedoch ein neuer Nutznießer an seine Stelle, und dieser Nutznießer ist die Menschheit. Wer das Produkt kauft, zahlt einen Franken weniger dafür, spart also einen Franken und steuert diese Ersparnisse notwendigerweise dem Lohnfonds bei: *Auch das sieht man nicht*.

Es wurde für dieses Problem der Maschinen noch eine andere, auf Tatsachen beruhende Lösung gefunden.

Man sagte: Die Maschine reduziert Produktionskosten und senkt die Produktpreise. Die Senkung der Produktpreise führt zu einem Anstieg des Konsums, der wiederum eine Steigerung der Produktion erfordert und letztlich dazu führt, dass nach der Erfindung genauso viele oder mehr Arbeiter benötigt werden, wie vorher. Als Beispiele wurden die Druckerei, die Spinnerei, die Presse usw. angeführt.

Diese Beweisführung ist unwissenschaftlich.

Sie zwänge uns zu dem Rückschluss, dass Maschinen dem Arbeitsmarkt schadeten, wenn der Verbrauch des speziellen Produkts, um das es geht, stagnierte oder zumindest mehr oder weniger gleichbliebe – was nicht der Fall ist.

Nehmen wir an, dass in einem bestimmten Land alle Männer Hüte tragen. Wenn es durch eine Maschine gelänge, den Preis für Hüte zu halbieren, folgte daraus nicht *zwangsläufig* eine Verdoppelung des Hutkonsums.

Behauptete man in diesem Fall, dass ein Teil der nationalen Arbeit zunichte gemacht wurde? Der vulgären Beweisführung zufolge schon. Nach meiner nicht, denn während in diesem Land kein einziger Hut mehr gekauft würde, bliebe der gesamte Lohnfonds dennoch unangetastet. Das aus der Hutindustrie abfließende Geld fände sich in der von allen Verbrauchern verkörperten Wirtschaft wieder und entlohnte von dort aus die gesamte von der Maschine überflüssig gemachte Arbeit, wodurch die Weiterentwicklung aller Industrien gefördert würde.

Dies ist der Lauf der Dinge. Ich habe Zeitungen für 80 Franken gesehen, die jetzt 48 kosten. Für die Abonnenten ist das eine Ersparnis von 32 Franken. Es ist nicht sicher, oder zumindest nicht notwendig, dass diese 32 Franken weiterhin in Richtung der Journalismusindustrie fließen, aber wenn sie das nicht tun, werden sie sicherlich und notwendigerweise eine andere Richtung nehmen. Der eine nutzt sie, um mehr Zeitungen zu kaufen, der andere, um sich besser zu ernähren, ein dritter, um sich besser zu kleiden, ein vierter, um sich besser einzurichten.

In dieser Hinsicht herrscht unter allen Industrien Solidarität. Sie bilden ein großes Ganzes, in welchem alle Teile durch verborgene Kanäle miteinander kommunizieren. Was bei einem eingespart wird, kommt allen zugute. Wichtig ist, dass wir uns darüber im Klaren sind, dass Produktionsersparnisse niemals, niemals auf Kosten von Arbeit und Löhnen gehen.

IX. Kredit

Zu allen Zeiten, aber insbesondere die letzten Jahre über, war man versucht, den allgemeinen Wohlstand durch universalen Kreditanzuheben.

Ich glaube nicht, dass ich übertreibe, wenn ich sage, dass Pariser Druckereien seit der Februarrevolution mehr als zehntausend Broschüren ausgespuckt haben, die sich für diese Lösung des *sozialen Problems* einsetzen.

Diese Lösung gründet leider auf nichts als einer optischen Täuschung, wenn eine Täuschung überhaupt eine Grundlage genannt werden kann.

Zunächst verwechselt man Bargeld mit Produkten, dann Papiergeld mit Bargeld, und will dann aus diesen beiden Verwechslungen eine Realität heraufbeschwören.

Man muss in dieser Sache unbedingt alles Geld, Münzen, Banknoten und alle anderen Instrumente, mit deren Hilfe Produkte die Hände wechseln, vergessen, um nur die Produkte selbst zu sehen, welche die wahre Substanz eines Darlehens sind.

Wenn sich ein Landwirt fünfzig Franken leiht, um einen Pflug zu kaufen, dann leiht man ihm in Wirklichkeit nicht fünfzig Franken, sondern den Pflug.

Und wenn sich ein Kaufmann zwanzigtausend Franken leiht, um ein Haus zu kaufen, dann sind es nicht zwanzigtausend Franken, die er schuldet, sondern das Haus.

Das Geld ist nur dazu da, Vereinbarungen zwischen mehreren Parteien zu erleichtern.

Pierre ist vielleicht nicht bereit, seinen Pflug zu verleihen, und Jaques ist vielleicht dazu bereit, sein Geld zu verleihen. Was macht Guillaume dann? Er leiht sich das Geld von Jaques und kauft mit diesem Geld Pierres Pflug.

Aber in Wirklichkeit leiht sich niemand Geld um des Geldes Willen. Man leiht sich Geld, um zu Produkten zu gelangen.

Nun können aber in keinem Land mehr Produkte von einer Hand in die andere übergehen, als es Produkte gibt.

Wie viel Geld und Papier auch immer im Umlauf ist, die Gesamtheit aller Kreditnehmer kann nicht mehr Pflüge, Häuser, Werkzeuge, Vorräte und Rohstoffe erhalten, als die Gesamtheit aller Kreditgeber zu liefern imstande ist.

Wir müssen uns vergegenwärtigen, dass jeder Kreditnehmer einen Kreditgeber und jeder Kredit ein Darlehen voraussetzt. Was können Kreditinstitute also tun? Sie können Kreditnehmern und Kreditgebern die Möglichkeit geben, sich zu finden und zu einigen. Was sie jedoch nicht tun können, ist, die Masse der geliehenen und verliehenen Gegenstände unmittelbar zu vergrößern.

Das wäre aber nötig, um das Ziel der Reformatoren zu erreichen, denn sie wollen nicht weniger als Pflüge, Häuser, Werkzeuge, Vorräte und Rohstoffe in die Hände all derer zu legen, die nach ihnen verlangen.

Und was stellen sie sich dazu vor?

Kredite mit einer Staatsgarantie zu sichern.

Lassen Sie uns tiefer in die Materie eindringen, denn es gibt etwas, *das man sieht*, und etwas, *das man nicht sieht*. Versuchen wir, beides zu sehen.

Angenommen, es gäbe weltweit nur einen Pflug und zwei Landwirte erhöben auf diesen Anspruch.

Pierre besitzt den einzigen in Frankreich erhältlichen Pflug. Jean und Jaques möchten ihn sich ausleihen. Jean verfügt über Sicherheiten in Form seiner Redlichkeit, seiner Besitztümer und seines guten Rufs. Man *glaubt* ihm; er hat *Kredit*. Jaques ist nicht oder weniger vertrauenswürdig. Natürlich verleiht Pierre seinen Pflug an Jean.

Aber nun greift der Staat unter sozialistischer Inspiration ein und sagt zu Pierre: Leihen Sie Jaques Ihren Pflug, ich garantiere Ihnen die Rückzahlung, und diese Garantie ist besser als die Jeans, denn er hat nur sich selbst, während ich zwar nichts besitze, aber über die Guthaben aller Steuerzahler verfüge. Aus deren Mitteln werde ich Ihnen, falls nötig, Kapital und Zinsen zahlen.

Dementsprechend verleiht Pierre seinen Pflug an Jaques: *Das ist es, was wir sehen*.

Und die Sozialisten reiben sich die Hände und sagen: Seht, wie erfolgreich unser Plan war. Dank einer Intervention des Staates hat der arme Jaques einen Pflug. Er wird nicht mehr gezwungen sein, die Erde selbst umzugraben; er ist auf bestem Weg zu Reichtum. Das ist für ihn gut und ein Gewinn für die ganze Nation.

Nein, meine Herren, es ist kein Gewinn für die Nation, denn Folgendes *sieht man nicht*:

Man sieht nicht, dass Jaques nur deswegen einen Pflug hat, weil dieser nicht mehr Jean gehört.

Man sieht nicht, dass Jean dazu gezwungen wird, zu graben, statt zu pflügen, wenn Jaques pflügt, statt zu graben; dass also das, was als *Ausweitung* von Darlehen angepriesen wurde, nur eine *Umverteilung* von Darlehen ist.

Darüber hinaus wird *übersehen*, dass diese Umverteilung zwei tiefe Ungerechtigkeiten mit sich bringt.

Eine Ungerechtigkeit gegenüber Jean, der, nachdem er sich den Kredit durch Redlichkeit und Arbeit verdient und gesichert hat, seiner beraubt wird.

Eine Ungerechtigkeit gegenüber den Steuerzahlern, die eine Schuld bezahlen müssen, welche sie nichts angeht.

Möchte jemand behaupten, dass die Regierung Jean die gleiche Unterstützung anbietet wie Jaques? Da nur ein Pflug zur Verfügung steht, können keine zwei verliehen werden. Das Argument wird immer darauf hinauslaufen, dass dank der Intervention des Staates mehr Kredite aufgenommen werden als vergeben werden können, da der Pflug hier die Menge des verfügbaren Kapitals darstellt.

Ich habe den Vorgang zugegebenermaßen auf seine einfachste Form reduziert; aber wenn Sie selbst die kompliziertesten staatlichen Kreditinstitutionen auf dieselbe Weise analysieren, werden Sie sich davon überzeugen, dass sie nur dieses eine Ergebnis haben können: Kredit *umzuverteilen*, statt ihn zu *erhöhen*. In jedem Land steht zu jeder Zeit nur eine bestimmte Summe an Kapital zur Verfügung, und diese wird bereits investiert. Indem der Staat für Zahlungsunfähige bürgt, kann er zwar die Zahl der Kreditnehmer und damit auch den Zinssatz erhöhen (was immer zum Schaden des Steuerzahlers passiert), was er jedoch nicht vermag, ist eine Erhöhung der Menge aller Kreditgeber oder des Gesamtkredits.

Man unterstelle mir jedoch eine Schlussfolgerung nicht, vor der mich Gott bewahren möge: Ich sage, dass das Gesetz die Kreditaufnahme nicht künstlich fördern soll, aber nicht, dass es sie künstlich behindern sollte. Wenn es in unserem Hypothekensystem oder anderswo Hindernisse für die Verteilung und Aufnahme von Krediten gibt, dann sollen sie beseitigt werden; nichts wäre besser, nichts gerechter. Aber das, in Verbindung mit allgemeiner Freiheit, umfasst bereits alles, was der Bezeichnung würdige Reformer vom Gesetz verlangen dürfen.

X. Algerien

Vor uns stehen vier Redner, welche sich um die Tribüne streiten. Sie sprechen zuerst alle auf einmal, dann einer nach dem anderen. Was sagen sie? Sicherlich sehr schöne Dinge über die Macht und Größe Frankreichs, über die Notwendigkeit, zu säen, um zu ernten, über die glänzende Zukunft unserer riesigen Kolonie, über die Vorteile davon, den *Überfluss* unserer Bevölkerung in die Ferne zu schicken usw., usf.; herrliche Stücke der Redekunst, die immer mit folgender Konklusion geschmückt werden:

„Stimmen Sie für etwa fünfzig Millionen, um in Algerien Häfen und Straßen zu errichten, um Siedler dorthin zu bringen, ihnen Häuser zu bauen und Felder zu erschließen. Damit entlasten Sie den französischen Arbeiter, unterstützen zugleich den afrikanischen und lassen den Marseiller Handel florieren. Das alles ist Profit."

Ja, das ist wahr, wenn man die genannten fünfzig Millionen nur von dem Moment an betrachtet, in welchem der Staat sie ausgibt. Wenn man schaut, wohin sie gehen, nicht woher sie kommen; wenn man nur das Gute berücksichtigt, das sie bewirken, nachdem sie den Tresor der Steuereintreiber verlassen, und nicht das Böse, das man erzeugte oder das Gute, das man verhinderte, indem man sie in den Tresor hineinlegen ließ; ja, aus diesem beschränkten Blickwinkel ist alles Profit. Das in einem barbarischen Umfeld gebaute Haus *ist das, was man sieht*; der in barbarischem Umfeld errichtete Hafen *ist, was man sieht*; die in der Barbarei geschaffene Arbeit *ist, was man sieht*; einige Hände weniger in Frankreich *werden gesehen*; auch eine beschleunigte Warenzirkulation in Marseille *gehört noch immer zum Sichtbaren*.

Aber es gibt neben alldem etwas, *das man nicht sieht*. Die fünfzig Millionen, die vom Staat ausgegeben werden, können jetzt nicht mehr, wie es sonst der Fall gewesen wäre, vom Steuerzahler ausgegeben werden. Alles den öffentlichen Ausgaben zugeschriebene Gute muss also mit allem Schlechten der verhinderten privaten Ausgaben verrechnet werden – es sei denn, man ginge so weit zu behaupten, dass Jacques Bonhomme nichts mit dem von ihm redlich verdienten Geld gemacht hätte, das ihm die Steuern wegnehmen; eine absurde Behauptung, denn wenn er sich die Mühe gemacht hat, es zu verdienen, dann nur, weil er hoffte, die Befriedigung zu haben, es auch zu nutzen. Er hätte den Zaun seines Gartens erhöhen lassen und kann es nun nicht mehr; *das ist es, was man nicht sieht*. Er hätte sein Feld gedüngt und kann es nicht mehr, *das ist es, was man nicht sieht*. Er hätte seiner Hütte ein Stockwerk hinzugefügt und kann es nicht mehr, *das ist es, was man nicht sieht*. Er hätte seinen Bestand an Werkzeugen vergrößert und kann es nicht mehr, *das ist es, was man nicht sieht*. Er hätte sich besser ernährt, besser gekleidet, hätte seine Söhne besser ausbilden lassen, die Mitgift seiner Tochter vergrößert und kann es nun nicht mehr; *das ist es, was man nicht sieht*. Er wäre in den Hilfsverein eingetreten, kann es aber nicht mehr; *das ist es, was man nicht sieht*. Auf der einen Seite die Bedürfnisbefriedigungen und Handlungsmöglichkeiten, die ihm genommen werden, auf der anderen die Arbeiten des Erdarbeiters, des Zimmermanns, des Schmieds, des Schneiders, des Schulmeisters seines Dorfes, die er gefördert hätte und die nun vernichtet werden, *sind immer das, was nicht gesehen wird*.

Es wird viel auf den zukünftigen Wohlstand Algeriens gesetzt; das mag sein. Aber auch die Stagnation, die in der Zwischenzeit unweigerlich in Frankreich herrscht, zählt. Man weist mich auf den Handel in Marseille hin, aber wenn dieser mit Steuergeldern beschleunigt wird, werde ich immer auf die äquivalente Menge an Handel hinweisen, welche im Rest des Landes vernichtet wird. Man sagt: „Da wird ein Kolonist in die Barbarei transportiert; das ist eine Erleichterung für die im Land verbleibende Bevölkerung." Ich antworte: Wie ist das möglich, wo man doch, indem man diesen Siedler nach Algerien transportiert, zugleich das Zwei- oder Dreifache des Kapitals, von welchem er in Frankreich hätte leben können, mit abtransportiert?[26]

Mein einziges Ziel besteht darin, dem Leser klarzumachen, dass hinter dem scheinbaren Guten jeder öffentlichen Ausgabe ein schwerer zu erkennendes Übel steht. Soweit ich die Kraft dazu in mir habe, möchte ich ihn dazu bringen, sich daran zu gewöhnen, beide zu sehen und beide zu berücksichtigen.

Wenn eine öffentliche Ausgabe vorgeschlagen wird, muss man sie um ihrer selbst willen abwägen, ohne Berücksichtigung der angeblich durch sie verursachten Arbeitsmarktstimulation, da diese ein Hirngespinst ist. Was öffentliche Ausgaben in dieser Hinsicht tun, hätten auch private getan. Ein Interesse an Arbeit ist in dieser Frage also stets irrelevant.

---

26 Der Kriegsminister berichtete vor Kurzem, dass jede nach Algerien transportierte Person den Staat 8000 Franken kostete. Diese Unglücklichen hätten in Frankreich zweifellos sehr gut von 4000 Franken leben können. Ich frage nun, inwiefern man die französische Bevölkerung entlastet, indem man ihr einen Menschen und zugleich die Lebensgrundlage von zweien nimmt? Anmerkung des Autors.

Es ist nicht der Zweck dieser Schrift, den tatsächlichen Wert nach Algerien fließender öffentlicher Gelder einzuschätzen.

Eine allgemeine Feststellung kann ich jedoch nicht zurückhalten. Es handelt sich dabei um die Tatsache, dass grundlegende Annahmen immer gegen steuerfinanzierte kollektive Ausgaben sprechen. Was ist der Grund dafür? Folgender:

Zunächst leidet unter ihnen immer ein Stück weit die Gerechtigkeit. Da Jacques Bonhomme für sein Geld schwitzte, um mit dessen Hilfe einige seiner Bedürfnisse zu befriedigen, ist es zumindest ärgerlich, wenn nun der Staat eingreift, um Jacques Bonhomme diese Befriedigung zu nehmen und sie jemand anderem weiterzuverleihen. Natürlich ist es dann Sache des Staates oder derjenigen, die in seinem Namen handeln, gute Gründe dafür zu nennen. Wir haben gesehen, dass der Staat einen abscheulichen Grund liefert, wenn er sagt: „Mit diesen hundert Sous lasse ich Arbeiter arbeiten", denn Jacques Bonhomme wird (sobald sein Grauer Star geheilt wurde) sicher antworten: „Zum Donnerwetter! Mit diesen hundert Sous kann ich sie genauso gut selbst beschäftigen."

Wenn man diesen Grund also beiseitelässt, zeigen die anderen sich in ihrer ganzen Nacktheit und die

Debatte zwischen Fiskus und dem armen Jaques wird dadurch sehr vereinfacht. Wenn der Staat zu ihm sagt: Ich nehme dir hundert Sous ab, um den Gendarmen zu bezahlen, der dich davon befreit, für deine eigene Sicherheit zu sorgen, um die Straße zu pflastern, die du jeden Tag überquerst, um den Magistrat zu entschädigen, der Gesetze zum Schutz deines Eigentums und deiner Freiheit durchsetzt, um den Soldaten zu ernähren, der unsere Grenzen verteidigt, so wird Jacques Bonhomme, sollte ich mich nicht sehr irren, kommentarlos zahlen. Aber wenn der Staat zu ihm sagt: Ich nehme diese hundert Sous, um dir einen kleinen Teil davon als Prämie auszuzahlen, falls du dein Feld gut bestellst, oder um deinen Sohn etwas lernen zu lassen, von dem du nicht willst, dass er es lerne, oder damit der Herr Minister seinem Abendessen das einhundertelfte Gericht hinzufügt; ich nehme sie dir ab, um in Algerien eine Hütte zu bauen, außer dass ich dir jedes Jahr weitere hundert Sous abnehme, um dort einen Siedler zu verpflegen und weitere einhundert Sous, um einen Soldaten zu besolden, der den Siedler bewacht und nochmals hundert Sous, um einen General zu unterhalten, der den Soldaten bewacht, usw. usf., so meine ich den armen Jacques ausrufen zu hören: „Diese gesetzlichen Regeln ähneln verblüffend denen des Waldes von Bondy!“[27] Und was tut der Staat, da er diesen Einwand voraussieht? Er verschleiert die Dinge; er bringt gerade jenen abscheulichen Grund vor, der ohne jeden Einfluss auf diese Belange sein sollte; er spricht von der Bedeutung der hundert Sous für den Arbeitsmarkt; er lässt den Koch und den Lieferanten des Ministers auftreten, zeigt einen Siedler, einen Soldaten, einen General, die von den fünf Franken leben; er weist auf das hin, *was man sieht*, und solange Jacques Bonhomme nicht gelernt hat, dem das, *was man nicht sieht*, gegenüberzustellen, wird er getäuscht werden. Deshalb bemühe ich mich, es ihm durch etliche Wiederholungen einzubläuen.

Auf der Tatsache, dass öffentliche Ausgaben Arbeit umverteilen, ohne sie zu erhöhen, fußt eine zweite schwerwiegende Grundannahme gegen sie. Arbeit zu verlagern bedeutet, Arbeiter zu verlagern, was die natürlichen Abläufe der Bevölkerungsdistribution innerhalb eines Territoriums stört. Wenn 50 Millionen dem Steuerzahler überlassen werden, sorgen sie für Arbeit in den vierzigtausend Gemeinden Frankreichs, da überall Steuerzahler leben. Sie wirken wie ein Band, das die Menschen mit ihrem Grund und Boden eint;

27 Der nahe Paris gelegene Wald von Bondy war für seine Straßenräuber berüchtigt. Anmerkung d. Hrsg.

sie verteilen sich auf alle möglichen Arbeiter und auf alle denkbaren Industrien. Wenn der Staat diese 50 Millionen von den Bürgern einhebt, sie anhäuft und an einem bestimmten Punkt ausgibt, so zieht er eine entsprechende Menge verdrängter Arbeit und eine entsprechende Anzahl an vertriebenen Arbeitern an diesen einen Punkt – eine entwurzelte, klassenlose und – ich wage zu sagen – gefährliche Bevölkerung, sobald die zugeteilte Summe erschöpft ist. Was jedoch auch geschieht (und damit komme ich zu meinem Thema zurück), ist Folgendes: Diese fieberhafte Aktivität, die sozusagen in einen engen Raum gezwungen wird, fällt allen ins Auge; *sie ist, was man sieht*; das Volk klatscht Beifall, wundert sich über die Schönheit und Leichtigkeit des Unterfangens und fordert dessen Wiederholung und Ausweitung. *Was es nicht sieht*, ist, dass im ganzen übrigen Frankreich eine äquivalente Menge wahrscheinlich sinnvollerer Arbeit erstickt wurde.

XI. Sparsamkeit und Luxus.

Nicht nur im Falle öffentlicher Ausgaben überschattet das, *was man sieht*, das, *was man nicht sieht*. Indem es die Hälfte der Volkswirtschaft im Dunkeln lässt, verleitet dieses Phänomen zu einem moralischen

Trugschluss. Es führt dazu, dass Nationen ihre moralischen und ihre materiellen Interessen als einander entgegengesetzt betrachten. Was könnte trauriger und entmutigender sein? Bedenken Sie Folgendes:

Es gibt keinen Familienvater, der es sich nicht zur Aufgabe machte, seine Kinder Ordnung, Weitblick, Umsicht, Sparsamkeit und Mäßigkeit in Geldfragen zu lehren. Es gibt keine Religion, die nicht gegen Prunk und Luxus wettert. Das ist gut und schön, doch was ist demgegenüber populärer als diese Sätze:

„Zu horten bedeutet, die Adern des Volkes auszutrocknen."

„Der Luxus der Großen ist der Wohlstand der Kleinen."

„Verschwender ruinieren sich selbst, bereichern jedoch den Staat."

„Der Überfluss des Reichen backt das Brot des Armen."

Das ist ein eklatanter Widerspruch zwischen der moralischen und der sozialen Idee. Wie viele hervorragende Geister, die diesen Konflikt erkannten, ruhen in Frieden! Ich habe das nie verstehen können, denn es scheint mir nichts Schmerzhafteres möglich, als zwei der Menschheit innewohnende, aber gegenläufige Tendenzen auszumachen. Beide führen zur Entwürdigung des Menschen: Wirtschaftlichkeit führt ins Elend, übermäßige Ausgaben verwandeln das Elend in moralischen Niedergang.

Glücklicherweise stellen diese zwei vulgären Maximen sowohl Sparsamkeit als auch Luxus in ein falsches Licht und berücksichtigen nur deren unmittelbare Folgen, *welche man sieht*, nicht aber ihre späteren Auswirkungen, *welche man nicht sieht*. Versuchen wir, diese unvollständige Sicht der Dinge zu korrigieren.

Mondor und sein Bruder Ariste teilen sich ihr väterliches Erbe und erhalten so jeweils eine Rente von fünfzigtausend Franken. Mondor praktiziert die modische Philanthropie. Er ist das, was man einen Geldverbrenner nennt. Er erneuert sein Mobiliar mehrmals pro Jahr und wechselt jeden Monat die Kutsche; die Leute erzählen sich von den genialen Verfahren, auf die er zurückgreift, um seine Besitztümer schnellstmöglich durchzubringen: kurz, er lässt Lebemänner wie Balzac[28] und Alexandre Dumas[29] vor Scham erblassen.

---

28 Honoré de Balzac (1799–1850), französischer Schriftsteller. Anmerkung d. Hrsg.

29 Alexandre Dumas (1802–1870), französischer Schriftsteller. Anmerkung d. Hrsg.

Man muss sich also die Lobeshymnen anhören, welche ihn immer wieder umtönen! „Erzählen Sie uns von Mondor; es lebe Mondor! Er ist der Wohltäter des Arbeiters; er ist die Vorsehung des Volkes. Ja, er schwelgt in Orgien, die selbst Passanten durchnässen; seine Würde und die der Menschen leidet etwas darunter ... Aber, bah! Wenn er sich auch nicht durch sich selbst nützlich macht, so tut er es durch sein Vermögen. Er bringt Geld in Umlauf; sein Hof wird unablässig von Lieferanten besucht, die sich stets zufrieden zurückziehen. Sagt man nicht, dass Geld rund ist, damit es rollt?"

Ariste folgt einem ganz anderen Lebensplan. Wenn kein Egoist, so ist er zumindest ein *Individualist*. Er überdenkt seine Ausgaben, sucht nur mäßige und vernünftige Genüsse, denkt an die Zukunft seiner Kinder und, um das Wort auszusprechen: Er *spart*.

Und was muss man das gemeine Volk über ihn sagen hören?

„Was nützt uns dieser Pseudoreiche, dieser Geizhals? Zweifellos hat die Einfachheit seines Lebens etwas Imposantes und Rührendes an sich; er ist menschlich, wohltätig, großzügig, aber *berechnend*. Er verbraucht nur einen Teil seines Einkommens. In seinem Heim strahlt und wirbelt es nicht unaufhörlich.

Welchen Zuspruch erwirbt er sich unter den Tapezierern, den Karosseriebauern, den Pferdehändlern und Konditoren?"

Diese moralisch verhängnisvollen Urteile beruhen darauf, dass es eine Sache gibt, die ins Auge sticht: die Ausgaben des Verschwenders – und eine andere, die sich dem Auge entzieht: die gleichen und sogar höheren Ausgaben des Sparsamen.

Die Dinge wurden vom göttlichen Schöpfer der Gesellschaftsordnung jedoch so wunderbar arrangiert, dass Volkswirtschaftslehre und Moral hier wie in allen Belangen nicht kollidieren, sondern harmonieren, weshalb Aristes Weisheit nicht nur würdevoller, sondern auch *profitabler* ist als Mondors Torheit.

Und wenn ich profitabler sage, dann meine ich nicht nur profitabel für Ariste oder sogar für die Gesellschaft im Allgemeinen, sondern profitabler für die derzeitigen Arbeiter und Industrien.

Um dies zu beweisen, genügt es, sich jene verborgenen Folgen menschlicher Handlungen, welche das körperliche Auge nicht sieht, vor das innere geistige Auge zu halten.

Ja, Mondors Verschwendungssucht hat für jeden sichtbare Auswirkungen: Jeder kann seine Kutschen und Fuhrwerke, die feinen Deckengemälde, seine üppigen Teppiche und die sein Haus erleuchtenden Lichter sehen. Jeder weiß, dass seine Vollblüter auf der Rennbahn galoppieren. Die Bankette, die er im Hotel de Paris gibt, lassen die Mengen des Boulevards innehalten und sich denken: „Das ist ein guter Mann, der nichts von seinem Einkommen zurückhält, sondern wahrscheinlich sogar seine Ersparnisse verprasst." *Das ist es, was man sieht.*

Es ist nicht so einfach, im Hinblick auf die Interessen der Arbeiter zu beurteilen, was mit Aristes Einkommen geschieht. Verfolgen wir es jedoch weiter und vergewissern wir uns, dass es bis zum letzten Centimen ebenso sicher Arbeiter beschäftigt, wie Mondors Einkommen. Es gibt nur diesen einen Unterschied: Mondors extravagante Ausgaben sind dazu verdammt, ständig zu sinken, um dann an ihr notwendiges Ende zu stoßen; Aristes weise Ausgaben hingegen werden von Jahr zu Jahr umfangreicher.

Und wenn das stimmt, harmonieren öffentliches Interesse und Moral miteinander.

Ariste gibt für sich und sein Haus zwanzigtausend Franken im Jahr aus. Reichte diese Summe nicht dazu aus, ihn glücklich zu machen, würden wir ihn zu Unrecht als weise bezeichnen. Er ist gerührt von den Übeln, die auf den armen Klassen lasten und betrachtet es aus Gewissensgründen als seine Pflicht, ihnen etwas Linderung zu verschaffen. Daher gibt er zehntausend Franken für wohltätige Zwecke aus. Unter den Händlern, Fabrikanten und Landwirten hat er Freunde in Schwierigkeiten. Er erkundigt sich nach ihrer Lage, um ihnen mit Umsicht und Effizienz zu helfen, und stellt weitere zehntausend Franken für diesen Zweck zur Verfügung. Schließlich vergisst er nicht, dass er Töchter hat, die er versorgen und Söhne, deren Zukunft er sichern muss. Deshalb erlegt er es sich auf, jedes Jahr zehntausend Franken anzusparen.

Die Verwendung seiner Einkünfte sieht also folgendermaßen aus:

1. Persönliche Ausgaben – 20.000 Franken
2. Wohltätige Ausgaben – 10 000 Franken
3. Freundschaftsdienste – 10 000 Franken
4. Ersparnisse – 10 000 Franken

Wenn wir jede dieser Kategorien genauer betrachten, werden wir sehen, dass der nationalen Wertschöpfung kein einziger Centime entgeht.

1. Persönliche Ausgaben. Diese haben, was Handwerker und Lieferanten betrifft, absolut identische Auswirkungen wie Ausgaben gleicher Höhe durch Mon-

dor. Da dies offensichtlich ist, wollen wir nicht weiter darüber sprechen.

2. Wohltätigkeit. Die zehntausend Franken, die für diesen Zweck ausgegeben werden, fließen ebenfalls der Industrie zu; sie erreichen den Bäcker, den Metzger, den Kleider- und Möbelhändler. Nur dienen das Brot, das Fleisch und die Kleidung nicht direkt Ariste, sondern denjenigen, die er als ihre Empfänger bestimmt hat. Diese einfache Ersetzung eines Verbrauchers durch einen anderen beeinflusst die Industrie als ganze in keiner Weise. Ob Ariste hundert Sous ausgibt oder einen Unglücklichen bittet, sie an seiner statt auszugeben, ist völlig gleichgültig.
3. Freundschaftsdienste. Der Freund, dem Ariste zehntausend Franken leiht oder schenkt, erhält diese nicht, um sie zu vergraben; das wäre Unsinn. Er verwendet sie, um Waren oder Schulden zu bezahlen. In ersterem Fall wird die Industrie gefördert. Wagt jemand zu behaupten, dass sie mehr davon profitiert, wenn Mondor einen Vollblüter für zehntausend Franken kauft, als wenn Ariste oder sein Freund Stoffe im Wert von zehntausend Franken kauft? Wenn diese Summe hingegen dazu dient, eine Schuld zu begleichen, so ist alles, was daraus

folgt, dass eine dritte Person, der Gläubiger, auftritt, die zehntausend Franken erhält und sie dann natürlich für etwas in seinem Geschäft, seiner Fabrik oder seinem Betrieb verwendet. Er ist ein weiterer Mittelsmann zwischen Ariste und den Arbeitern. Die Namen ändern sich, die Ausgaben, wie auch die Förderung der Industrie, bleiben gleich.

4. Ersparnisse. Es bleiben die *gesparten* zehntausend Franken – und hier scheint Mondor, was die Förderung der Künste, der Industrie, der Arbeit und Arbeiter angeht, Ariste weit überlegen zu sein, während Ariste Mondor in moralischer Hinsicht ein Stück weit überlegen ist.

Es geschieht niemals ohne körperliches Unbehagen, das bis zum Schmerz reichen kann, wenn ich den Anschein solcher Widersprüche zwischen den großen Naturgesetzen ausmache. Wenn die Menschheit gezwungen wäre, zwischen zwei Parteien zu wählen, von denen die eine ihre Interessen und die andere ihr Gewissen verletzt, bliebe uns nichts anderes übrig, als an ihrer Zukunft zu verzweifeln. Glücklicherweise ist dies nicht der Fall. Und um zu sehen, inwiefern Ariste seine wirtschaftliche Überlegenheit zurückerlangen und zugleich seine moralische aufrechterhalten kann, genügt es, folgendes tröstliches Axiom zu verstehen, das seiner paradoxen Erscheinung zum Trotze wahr ist: *Zu sparen bedeutet auszugeben.*

Was bezweckt Ariste mit dem Ansparen von zehntausend Franken? Möchte er zweitausend Hundert-Sous-Münzen in seinem Garten vergraben? Nein, er will sein Kapital und sein Einkommen vergrößern. Deshalb verwendet er das Geld, das er nicht für persönliche Befriedigungen ausgibt, zum Kauf von Land, einem Haus, Altersvorsorge oder Industrieaktien, oder er legt es bei einem Händler oder Bankier an. Verfolgen Sie den Fluss dieses Geldes in all diesen Fällen, werden Sie sich davon überzeugen können, dass es über Verkäufer und Kreditnehmer genauso sicher Arbeit schafft, als hätte Ariste es nach dem Beispiel seines Bruders für Möbel, Schmuck und Pferde eingetauscht.

Wenn Ariste für 10000 Franken Land oder Altersvorsorge kauft, leitet ihn dabei der Gedanke, dieses Geld nicht ausgeben zu müssen, sondern anlegen zu wollen. Das ist es ja, was ihm vorgeworfen wird.

Doch derjenige, der ihm das Land oder die Altersvorsorge verkauft, wird seinerseits von dem Wunsch gelenkt, die zehntausend Franken in irgendeiner Weise auszugeben.

Die Ausgabe wird in jedem Fall entweder von Ariste oder aber denen, die an seine Stelle treten, getätigt.

Aus Sicht der Arbeiterklasse und des Arbeitsmarkts gibt es also zwischen dem Verhalten von Ariste und Mondor nur einen Unterschied: Mondors Ausgaben werden direkt von ihm und um ihn herum getätigt, *was man sieht*. Da die Ausgaben von Ariste teilweise über Mittelsmänner und daher von ihm entfernt getätigt werden, *sieht man sie nicht*. Für jemanden, der Wirkungen auf ihre Ursachen zurückführen kann, ist die nicht gesehene Handlung jedoch genauso real wie die gesehene. Dies wird dadurch bewiesen, dass in beiden Fällen Geld *zirkuliert* und im Tresor des Weisen nicht mehr übrigbleibt als im Tresor des Verschwenders.

Es ist also falsch zu sagen, dass das Sparen der gegenwärtigen Industrie schadet. Wie beschrieben, ist es ihr genauso förderlich wie der Luxus.

Doch wie viel besser ist es, wenn unsere Gedanken sich nicht auf die fliehende Stunde beschränken, sondern einen langen Zeitraum umfassen!

Zehn Jahre sind vergangen. Was ist aus Mondor, seinem Vermögen und seiner großen Beliebtheit geworden? All das ist verflogen; Mondor ist ruiniert. Weit davon entfernt, jedes Jahr sechzigtausend Franken in die Gesellschaft auszuschütten, fällt er dieser vielleicht sogar zur Last. Jedenfalls unterhält er keine Lieferanten mehr, zählt nicht länger als Förderer von Kunst und Industrie, ist für die Arbeiterklasse und auch seine Familie, welche er in Not zurücklässt, zu nichts mehr nütze.

Nach denselben zehn Jahren bringt Ariste nicht nur weiterhin sein gesamtes Einkommen in Umlauf, sondern steigert dieses von Jahr zu Jahr. Er vergrößert das nationale Kapital, d. h. den Fonds, aus welchem Löhne bezahlt werden, und da die Nachfrage nach Arbeitskräften von der Höhe dieses Fonds abhängt, trägt er dazu bei, die Löhne der Arbeiterklasse allmählich zu erhöhen. Wenn er stirbt, hinterlässt er Kinder, welche er in die Lage versetzt hat, seine Rolle in diesem Werk des Fortschritts und der Zivilisation einzunehmen.

Die moralische Überlegenheit des Sparens gegenüber dem Luxus ist unbestreitbar. Es ist tröstlich, zu wissen, dass dies in den Augen eines jeden, der nicht bei den unmittelbaren Auswirkungen der Phänomene stehen bleibt, sondern seine Analyse bis zu den endgültigen Auswirkungen fortsetzt, auch in wirtschaftlicher Hinsicht gilt.

XII. Recht auf Arbeit, Recht auf Profit

„Brüder, zahlt Beiträge, um mir Arbeit zu eurem Preis zu verschaffen." Das ist das Recht auf Arbeit, elementarer Sozialismus bzw. Sozialismus ersten Grades.

„Brüder, zahlt Beiträge, um mir Arbeit zu meinem Preis zu verschaffen." Das ist das Recht auf Profit, der verfeinerte Sozialismus bzw. Sozialismus zweiten Grades.

Beide leben von Auswirkungen, *die man sieht*. Sie sterben an den Auswirkungen, *die man nicht sieht*.

Was man sieht, sind Arbeit und Profit, die durch Sozialbeiträge erzeugt werden. *Was man nicht sieht*, sind Arbeit und Profite, die durch dieses Geld erzeugt würden, überließe man es den Steuerzahlern.

Im Jahr 1848 zeigte das Recht auf Arbeit für einen Moment seine beiden Seiten. Das reichte aus, um es in der öffentlichen Meinung zu ruinieren.

Die eine Seite trug den Namen *Nationale Werkstatt*.

Die andere *Fünfundvierzig Centimen*.

Millionen flossen jeden Tag von der Rue de Rivoli in die nationalen Werkstätten. Das war die schöne Seite der Medaille.

Die Kehrseite bestand hierin: Damit Millionen aus einer Kasse herausfließen konnten, mussten sie zuvor in diese geleitet werden. Aus diesem Grund wandten sich die hinter dem Recht auf Arbeit stehenden Organisatoren an die Steuerzahler.

Die Bauern aber sagten: Ich muss 45 Centimen zahlen, werde also auf ein Kleidungsstück verzichten, mein Feld nicht bestellen, mein Haus nicht reparieren.

Und die Arbeiter auf dem Land sagten: Da unsere Bürger jetzt auf ein Kleidungsstück verzichten, wird es weniger Arbeit für den Schneider geben; da sie ihre Äcker nicht bestellen lassen, wird es weniger für den Feldarbeiter zu tun geben; da sie ihre Häuser nicht reparieren lassen, wird es weniger Arbeit für den Zimmermann und den Maurer geben.

Damit war bewiesen, dass aus einem Sack nicht zwei Arten von Mehl geholt werden können und von der Regierung bezahlte Arbeit auf Kosten der von den Steuerzahlern bezahlten Arbeit geht. Das war der Tod des Rechts auf Arbeit, das sich als eine ungerechte Einbildung herausstellte.

Und doch lebt das Recht auf Profit, das nichts anderes als eine Übertreibung des Rechts auf Arbeit ist, fort und erfreut sich bester Gesundheit.

Ist es keine schändliche Rolle, welche der Protektionist der Gesellschaft zugesteht?

Er sagt zu ihr: Du musst mir nicht nur Arbeit geben, sondern lukrative Arbeit. Ich habe törichterweise einen Berufszweig gewählt, der mir zehn Prozent Verlust beschert. Wenn du von meinen Landsleuten eine Abgabe von zwanzig Franken erhebst und mir diese aushändigst, wird mein Verlust in Gewinn verwandelt. Nun ist aber der Gewinn ein Recht, das du mir schuldig bist.

Die Gesellschaft, die auf diesen Sophisten hört, sich Steuern auferlegt, um ihn zufrieden zu stellen, die nicht merkt, dass der Verlust, den ein Wirtschaftszweig erleidet, nicht weniger Verlust wird, wenn man andere dazu zwingt, ihn auszugleichen – diese Gesellschaft, sage ich, verdient die Last, die man ihr auferlegt.

Aus den vielen Problembereichen, die ich durchschritten habe, können wir also Folgendes lernen: Die Wirtschaftswissenschaft nicht zu kennen, heißt, sich von der unmittelbaren Wirkung eines Phänomens blenden zu lassen; sie zu kennen, heißt, in Gedanken und Vorausblick die Gesamtheit der Wirkungen zu erfassen.

Ich könnte hier noch eine ganze Reihe weiterer Fragen der gleichen Prüfung unterziehen, schrecke aber vor der Monotonie einer stets gleichförmigen Beweisführung zurück und schließe, indem ich es auf die Volkswirtschaftslehre anwende, mit etwas, das Chateaubriand[30] über die Geschichte gesagt hat:

„Es gibt", sagt er, „in der Geschichte zwei Arten von Konsequenzen: eine unmittelbare, die augenblicklich erkennbar wird, und eine entfernte, die man zunächst nicht sieht. Diese Konsequenzen widerstreben einander gewöhnlich; die eine verdankt sich unserer irdischen Weisheit, die andere der himmlischen. Das der Vorsehung entspringende Ereignis erscheint nach dem menschlichen. Gott erhebt sich im Anhang an des Menschen Werk. Leugnen Sie solange Sie wollen den höchsten Rat, widersprechen Sie seinem Vorgehen, streiten Sie um Worte, schreiben Sie das, was der Volksmund Vorsehung nennt, der Macht der Dinge oder der Vernunft zu. Doch wenden Sie Ihren Blick einer vollendeten Tatsache zu, so werden Sie erkennen, dass sie immer das Gegenteil von dem nach sich zog, was man von ihr erwartete, wurde sie nicht von Anfang an auf Moral und Gerechtigkeit gegründet." – Chateaubriand, *Erinnerungen von jenseits des Grabes*.

---

30 François-René de Chateaubriand (1768–1848), französischer Schriftsteller, Politiker und Diplomat. Anmerkung d. Hrsg.

III.
Eine Petition

DER HERSTELLER VON KERZEN, LAMPEN, LEUCHTERN, LATERNEN, DOCHTSCHEREN, KERZENLÖSCHERN UND DER PRODUZENTEN VON TALG, ÖL, HARZ, ALKOHOL UND ALLGEMEIN ALLEM DIE BELEUCHTUNG BETREFFENDEN.

An die Mitglieder der Abgeordnetenkammer.

Meine Herren,

Sie sind auf dem richtigen Weg. Sie lehnen abstrakte Theorien ab und werden von Überfluss und Erschwinglichkeit wenig berührt. Sie sorgen sich vor allem um das Schicksal des Produzenten. Sie wollen ihn von fremder Konkurrenz befreien und kurz gesagt den *nationalen Markt* der *nationalen Arbeit* vorbehalten.

Wir bieten Ihnen eine wunderbare Gelegenheit, Ihre – wie sollen wir es nennen – Theorie anzuwenden? Nein, nichts ist trügerischer als Theorie. Ihre Doktrin? Ihr System? Ihr Prinzip? Aber Sie mögen keine Doktrinen, Sie verabscheuen Systeme, und was

Prinzipien anbelangt, so erklären Sie, dass es in der Sozialwirtschaft keine gibt. Wir sagen also Ihre Praxis, Ihre theorie- und prinzipienlose Praxis.

Wir leiden unter der unerträglichen Konkurrenz eines ausländischen Rivalen, der uns scheinbar in der Lichterzeugung so weit überlegen ist, dass er unseren *nationalen Markt* zu einem sagenhaft niedrigen Preis *überschwemmt*. Sobald er auftaucht, hört unser Verkauf auf, alle Verbraucher wenden sich an ihn, und ein Zweig der französischen Industrie mit seinen unzähligen Verästelungen stagniert plötzlich. Dieser Rivale, der niemand anderes als die Sonne ist, führt einen so erbitterten Krieg gegen uns, dass wir hinter seiner Angriffigkeit die heimtückischen Briten vermuten müssen (eine zeitgemäße Diplomatie!), zumal er auf diese stolze Insel Rücksicht nimmt, welcher er zu unseren Ungunsten den Rücken gekehrt hat.

Wir bitten Sie, ein Gesetz zu erlassen, das die Schließung aller Fensterläden, Jalousien, Rollläden, Vorhänge, Gardinen, Dachluken, Oberlichter, Ochsenaugen, Markisen, kurzum, aller Öffnungen, Löcher, Ritzen und Spalten, durch die das Sonnenlicht in die Häuser einzudringen pflegt, anordnet. Dieses Licht benachteiligt die wundervollen Industrien, mit denen wir uns rühmen, das Land ausgestattet zu haben, welches uns heute nicht in Undankbarkeit einem so ungleichen Kampf überlassen sollte.

Bitte, meine Herren Abgeordneten, fassen Sie unseren Antrag nicht als Satire auf oder weisen Sie ihn zumindest nicht zurück, ohne die Gründe zu hören, die wir zu seiner Untermauerung vorzubringen haben.

Welche französische Industrie würde nicht durch die entstehende Kettenreaktion gefördert, wenn Sie so weit wie möglich jeden Zugang zu natürlichem Licht abschotteten und auf diese Weise Bedarf an künstlichem Licht schafften?

Wenn dann der Talgverbrauch steigt, werden mehr Ochsen und Schafe benötigt, was zu einer Ausdehnung künstlicher Weiden, der Fleisch-, Woll- und Lederproduktion sowie vor allem der des Düngers, der Grundlage allen landwirtschaftlichen Reichtums, führen wird.

Wenn mehr Öl verbraucht wird, wird sich der Anbau von Mohn, Olivenbäumen und Raps ausbreiten. Diese reichhaltigen und anspruchsvollen Pflanzen werden die unseren Böden durch das zusätzliche Vieh verliehene Fruchtbarkeit zu ihrem Vorteil nutzen.

Unsere Heiden werden sich in Nadelwälder verwandeln. Zahlreiche Bienenschwärme werden auf unseren Bergen duftende Schätze sammeln, die sich heute ebenso nutzlos verflüchtigen wie die Blumen, aus welchen sie hervorgehen. Es gibt also keinen Zweig der Landwirtschaft, dessen Entwicklung nicht angeregt würde.

Dasselbe gilt für die Schifffahrt: Tausende von Schiffen werden auf Walfang gehen, um Tran zu beschaffen, und in kurzer Zeit werden wir eine Flotte haben, die in der Lage ist, die Ehre Frankreichs zu verteidigen und die patriotischen Gefühle der unterzeichnenden Bittsteller, Kerzenhändler usw. zu befriedigen.

Und was sollen wir erst zu *Erzeugnissen aus Pariser Manufaktur* sagen? Sehen Sie nicht schon jetzt das Gold, die Bronze und die Kristalle in Kerzenständern, Lampen, Kronleuchtern und Kandelabern in geräumigen Kaufhäusern glänzen, neben denen die heutigen wie Boutiquen wirken?

Selbst der arme Harzer auf dem Gipfel seiner Düne oder der traurige Bergarbeiter in der Tiefe seines dunklen Stollens wird seinen Lohn und Wohlstand vermehren können.

Bitte denken Sie darüber nach, meine Herren, und Sie werden zu der Überzeugung gelangen, dass es vom reichen Aktionär bis zum bescheidensten Streichholzhändler vielleicht keinen Franzosen gibt, dessen Lage sich durch die Durchsetzung unserer Forderung nicht verbesserte.

Wir sehen Ihre Einwände voraus, meine Herren, aber Sie werden uns nicht einen einzigen entgegenhalten können, den Sie nicht den abgegriffenen Büchern der Handelsliberalen entnommen haben. Wir wagen es, Sie herauszufordern, ein Wort gegen uns zu sagen, das sich nicht augenblicklich gegen Sie selbst und die Grundlage Ihrer ganzen Politik wendete.

Werden Sie uns sagen, dass Frankreich nicht davon profitierte, wenn wir diesen Schutz gewännen, weil der Verbraucher die Kosten tragen wird?

Wir werden Ihnen antworten:

„Sie haben nicht mehr das Recht, sich auf die Interessen des Verbrauchers zu berufen. Sie haben ihn stets geopfert, wenn seine Interessen denen des Produzenten zuwiderliefen. Sie taten dies, um *Arbeit zu fördern* und *den Arbeitsmarkt auszuweiten*. Aus demselben Grund müssen Sie erneut so handeln."

Sie selbst haben sich gegen diesen Einwand ausgesprochen. Als man Ihnen sagte: „Der Verbraucher ist an der freien Einführung von Eisen, Steinkohle, Sesam, Weizen und Stoffen interessiert." sagten Sie: „Ja, aber der Produzent ist an deren Ausschluss interessiert." Nun, wenn die Verbraucher an der Zulassung des natürlichen Lichts interessiert sind, dann sind die Produzenten an dessen Verbot interessiert.

„Aber", sagen Sie weiter, „der Hersteller und der Verbraucher sind ein und derselbe. Wenn der Hersteller durch Protektionismus gewinnt, wird er auch den Landwirt gewinnen lassen. Wenn die Landwirtschaft floriert, wird sie den Fabriken Absatzmärkte eröffnen." Wenn Sie uns tagsüber das Beleuchtungsmonopol sichern, werden wir erstens viel Talg, Kohle, Öl, Harz, Wachs, Alkohol, Silber, Eisen, Bronze und Glas kaufen, um unsere Industrie zu versorgen, und zweitens werden wir wie auch unsere zahlreichen nun reich gewordenen Zulieferer viel konsumieren und Wohlstand in alle Zweige der nationalen Industrie fließen lassen.

Werden Sie einwenden, dass Sonnenlicht ein kostenloses Geschenk der Natur ist und dass die Zurückweisung solcher kostenlosen Geschenke einer Zurückweisung von Reichtum an sich gleichkäme – unter dem Vorwand, die Mittel zu seinem Erwerb zu fördern?

Dieses Argument versetzte Ihrer eigenen Politik den Todesstoß. Bedenken Sie, dass Sie bis jetzt *immer dann* ausländische Produkte zurückgewiesen haben, wenn diese kostenlosen Geschenken nahekamen, und zwar *umso mehr*, je stärker sie sich ihnen annäherten. Ihre Gründe, den Forderungen anderer Monopolisten nachzukommen, wären nur halb so triftig. Zur Annahme unserer Forderung haben Sie einwandfreie Gründe und sie mit der Rechtfertigung abzulehnen, dass wir besser begründen als andere, hieße die Gleichung + × + = – aufzustellen. Mit anderen Worten hieße es, Absurdität auf Absurdität zu häufen.

Arbeit und die Natur tragen je nach Land und Klima in unterschiedlichen Proportionen zur Erzeugung eines Produkts bei. Der Anteil der Natur ist immer kostenlos; der Anteil der Arbeit macht den Wert des Produkts aus und wird bezahlt.

Wenn eine Orange aus Lissabon für die Hälfte des Preises einer Orange aus Paris verkauft wird, so liegt das daran, dass eine natürliche und daher kostenlose Wärme für die eine das tut, was die andere einer künstlichen und daher teuren Wärme verdankt.

Wenn uns also eine Orange aus Portugal erreicht, kann man sagen, dass sie uns halb umsonst, halb gegen Bezahlung gegeben wird, oder, mit anderen Worten, zum im Vergleich mit einer Orange aus Paris halben Preis.

Nun ist es aber genau diese halbe Unentgeltlichkeit (entschuldigen Sie das Wort), welche Ihnen zufolge ihr Verbot rechtfertigt. Sie sagen: „Wie könnte die nationale Industrie der ausländischen Konkurrenz standhalten, wenn jene alles, diese aber nur die Hälfte der Arbeit zu erledigen hat, während die Sonne den Rest erledigt?“ Wenn eine *halbe* Unentgeltlichkeit Sie aber dazu zwingt, die Konkurrenz abzuwehren, wie könnten Sie dann von einer *vollkommenen* Unentgeltlichkeit dazu gebracht werden, Konkurrenz zuzulassen? Entweder sind Sie keine Logiker, oder Sie müssen, wenn Sie das halb Kostenlose als für unseren Arbeitsmarkt schädlich zurückweisen, das vollkommen Kostenlose erst recht und mit verdoppeltem Eifer zurückweisen.

Noch einmal: Wenn ein Produkt – Kohle, Eisen, Weizen oder Stoff – aus dem Ausland zu uns kommt und wir es im Vergleich zur eigenständigen Produktion mit weniger Arbeit erwerben können, dann ist die Differenz ein *kostenloses Geschenk* an uns. Diese Gabe ist je nachdem, ob die Differenz größer oder kleiner ausfällt, mehr oder weniger beträchtlich. Wenn der Fremde nur drei Viertel, die Hälfte oder ein Viertel des Preises von uns verlangt, beträgt Sie ein Viertel, die Hälfte oder drei Viertel des Produktwerts. Sie ist so vollständig wie nur möglich, wenn der Anbieter, wie es die Sonne im Falle ihres Lichts tut, nichts von uns verlangt. Die Frage – und wir stellen sie förmlich – ist, ob Sie für Frankreich die Vorteile des kostenlosen

Verbrauchs oder die angeblichen Vorteile der teuren Produktion wollen. Wählen Sie, aber bleiben Sie logisch. Denn welche anhaltende Inkonsequenz wäre es, Steinkohle, Eisen, Weizen und ausländische Stoffe *im Verhältnis dazu,* wie stark deren Preise sich dem Nullpunkt annähern, wie Sie es tun, zurückzuweisen, das Licht der Sonne aber, dessen Preis bei null liegt, den ganzen Tag lang zuzulassen?

IV. Eine negative Eisenbahn

Ich habe gesagt, dass man im Falle der alleinigen bedauerlichen Einnahme der Herstellerposition unweigerlich das allgemeine Interesse verletzen muss, weil Produzenten als solche stets darauf aus sind Anstrengungen, Bedarf und Hindernisse zu mehren.

Ein bemerkenswertes Beispiel dafür fand ich in einer Bordeauxer Zeitung.

Herr Simiot[31] stellt folgende Frage:

Sollte die Anbindung der Eisenbahn von Paris nach Spanien in Bordeaux unterbrochen werden?

Er bejaht sie mit einer Fülle von Gründen, die ich hier nicht analysieren muss – unter anderen aber mit diesem:

Die Eisenbahn von Paris nach Bayonne muss in Bordeaux eine Lücke aufweisen, damit Waren und Reisende, die gezwungen sind, in dieser Stadt Halt zu machen, den dortigen Schiffern, Ballenträgern, Kom-

31 Alexandre-Etienne Simiot (1807–1879), französischer Politiker. Anmerkung d. Hrsg.

missionären, Lagerbesitzern, Hoteliers usw. Gewinne abwerfen.

Es ist klar, dass hier erneut das Interesse der Arbeitgeber vor das Interesse der Verbraucher gestellt wird.

Aber wenn Bordeaux von der Lücke profitieren darf und dieser Profit im öffentlichen Interesse ist, müssen Angoulême, Poitiers, Tours, Orléans, ja alle Zwischenpunkte, einschließlich Ruffecs, Châtelleraults usw. usf., ebenfalls Bahnunterbrechungen verlangen, und zwar im allgemeinen Interesse, im Interesse des nationalen Arbeitsmarktes natürlich, denn je mehr solche Unterbrechungen sich vervielfachen, desto mehr werden sich auch die Lagerkosten, Kommissionen und Verladegebühren an allen Punkten der Linie vervielfachen. Dieses System führt zu einer Eisenbahn, die aus aufeinanderfolgenden Lücken besteht: zu einer *negativen Eisenbahn*.

Ob es den Herren Protektionisten nun gefällt oder nicht, feststeht, dass das *Prinzip von Restriktionen* mit dem von *Lücken* identisch ist: Das dem Produzenten erbrachte Opfer des Verbrauchers; das den Mitteln erbrachte Opfer der Ziele.

V.
Das Gesetz

Das Gesetz wurde pervertiert! Das Gesetz – und mit ihm alle kollektiven Kräfte der Nation – das Gesetz, sage ich, wurde nicht nur seinem Zweck entfremdet, sondern dazu missbraucht, einen ihm direkt entgegengesetzten Zweck zu verfolgen. Das Gesetz wurde zum Werkzeug aller Habgier, statt sie zu bremsen! Das Gesetz selbst führt nun zu Ungerechtigkeiten, die es zu bestrafen hätte. Sofern das, was ich sage, zutrifft, handelt es sich dabei um einen gravierenden Zustand, auf welchen ich die Aufmerksamkeit meiner Mitbürger lenken muss.

Das Leben ist ein Geschenk Gottes

Von Gott empfingen wir jenes Geschenk, das alle anderen einschließt: das Leben – das körperliche, geistige und moralische Leben.

Doch das Leben kann sich nicht selbst aufrechterhalten. Derjenige, der es uns schenkte, hinterließ uns zugleich den Auftrag, es zu pflegen, weiterzuentwickeln und zu vervollkommnen.

Zu diesem Zweck stattete er uns mit einer Reihe wunderbarer Fähigkeiten aus und versetzte uns in eine Umgebung verschiedener Elemente. Durch die Anwendung unserer Fähigkeiten auf diese Elemente wird das Phänomen der *Assimilation*, der *Aneignung*, verwirklicht, durch welches das Leben den ihm zugewiesenen Kreis durchläuft.

Existenz, Fähigkeiten, Assimilation – mit anderen Worten: Persönlichkeit, Freiheit, Eigentum – das ist der Mensch.

Von diesen drei Dingen kann man ohne demagogische Spitzfindigkeit sagen, dass sie jeder menschlichen Gesetzgebung vorausgehen und ihr übergeordnet sind.

Persönlichkeit, Freiheit und Eigentum existieren nicht aus dem Grund, dass die Menschen Gesetze erlassen haben. Im Gegenteil: Weil Persönlichkeit, Freiheit und Eigentum bereits existieren, machen die Menschen Gesetze.

Was ist das Gesetz?

Was ist also ein Gesetz? Wie ich bereits an anderer Stelle gesagt habe, ist es die kollektive Organisation des individuellen Rechts auf Selbstverteidigung.

Ein jeder von uns hat zweifellos von Natur aus, von Gott, das Recht, seine Person, seine Freiheit und sein Eigentum zu verteidigen, da dies die drei konstitutiven oder es erhaltenden Elemente des Lebens sind, die sich gegenseitig ergänzen und nicht ohne einander verstanden werden können. Denn was sind unsere Fähigkeiten anderes als eine Ausweitung unserer Persönlichkeit, und was ist Eigentum anderes als eine Ausweitung unserer Fähigkeiten?

Wenn jeder Mensch das Recht hat, seine Person, seine Freiheit und sein Eigentum – selbst mit Gewalt – zu verteidigen, dann haben mehrere Menschen das Recht, sich zu beraten, sich zu verständigen und eine gemeinsame Kraft zu organisieren, um unausgesetzt für diese Verteidigung zu sorgen.

Das kollektive Recht bezieht also sein Prinzip, seine Daseinsberechtigung, seine Legitimität aus dem individuellen Recht; und die gemeinsame Kraft kann keinen anderen rationalen Zweck, keine andere Aufgabe haben als die isolierten Kräfte, an deren Stelle sie tritt.

So wie die Kraft eines Einzelnen weder Person noch Freiheit oder Eigentum eines anderen Individuums rechtmäßig angreifen kann, darf kollektive Kraft aus demselben Grund nicht rechtmäßig darauf angewendet werden, Person, Freiheit und Eigentum von Einzelnen oder Klassen zu zerstören.

Eine solche Perversion der Macht liefe in beiden Fällen unseren Prämissen zuwider. Wer würde die Behauptung wagen, dass uns unsere Kraft nicht zur Verteidigung unserer Rechte gegeben wurde, sondern um die identischen Rechte unserer Brüder zu verletzen? Und wenn dies nicht für einzelne, isoliert handelnde Kräfte gilt, wie könnte es dann für die kollektive Kraft gelten, welche nur die organisierte Vereinigung isolierter Kräfte darstellt?

Wenn es also ein Offensichtliches gibt, dann folgendes: Das Gesetz ist die Organisation des natürlichen Rechts auf Selbstverteidigung; es ist die Ersetzung individueller Kräfte durch eine kollektive, um in demselben Kreis zu handeln, in welchem die individuellen Kräfte rechtmäßig handeln können; um das zu tun, was individuelle Kräfte rechtmäßig tun dürfen; um Personen, Freiheiten und Eigentum zu schützen; um jeden in seinem Recht zu erhalten und unter allen *Gerechtigkeit* walten zu lassen.

Eine gerechte und stabile Regierung

Und wenn es ein auf dieser Grundlage fußendes Volk gäbe, so scheint mir, dass dort Ordnung herrschen würde, sowohl in den Tatsachen als auch im Geiste. Mir scheint, dass dieses Volk die einfachste, wirtschaftlichste, am wenigsten schwerfällige, am wenigsten spürbare, am wenigsten verantwortliche, die gerechteste und daher solideste Regierung hätte, die man sich vorstellen kann, ganz gleich, welche politische Form sie auch haben möge.

Denn unter einer solchen Ordnung würde jeder einsehen, dass er die ganze Fülle und die ganze Verantwortung seines Daseins trägt. Sofern die Person geachtet, die Arbeit frei und die Früchte der Arbeit vor ungerechtfertigten Eingriffen geschützt sind, hat niemand etwas mit dem Staat zu tun. Wenn wir glücklich wären, müssten wir ihm nicht für unsere Erfolge danken, wären wir aber unglücklich, so würden wir ihm unsere Rückschläge genauso wenig anlasten, wie unsere Bauern ihm Hagel oder Frost zuschreiben. Wir würden ihn nur anhand der unschätzbaren Wohltat der *Sicherheit* wahrnehmen.

Man kann auch sagen, dass sich Bedürfnisse und deren Befriedigungen durch die Nichteinmischung des Staates in private Angelegenheiten der natürlichen Ordnung gemäß entwickeln würden. Es käme nicht mehr vor, dass arme Familien nach literarischer Bildung suchen, bevor sie Brot haben. Man erlebte nicht länger, dass Städte auf Kosten ländlicher Gebiete oder ländliche Gebiete auf Kosten von Städten bevölkert werden. Man würde die großen Verschiebungen von Kapital, Arbeit und Populationen nicht erleben, die durch gesetzliche Maßnahmen ausgelöst werden und die Quellen unserer Existenz so unsicher und prekär machen, dass die Verantwortungsbereiche von Regierungen enorm ausufern.

Die vollständige Pervertierung des Gesetzes

Unglücklicherweise hat sich das Gesetz nicht wirklich in seine wahre Rolle eingefunden. Und wo es die Grenzen seiner Zuständigkeit überschritt, tat es das nicht nur in Bezug auf neutrale oder unwichtige Angelegenheiten. Es hat die kollektive Gewalt in den Dienst derer gestellt, die ohne Risiko und Skrupel Person, Freiheit oder Eigentum anderer ausbeuten wollen, hat den Raub in ein Recht verwandelt, das es schützt, und Selbstverteidigung in ein Verbrechen, das es bestraft.

Wie wurde diese Perversion des Gesetzes erreicht? Was sind ihre Folgen?

Das Gesetz wurde unter dem Einfluss zweier sehr unterschiedlicher Motive pervertiert: zu kurz gedachtem Egoismus und fehlgeleiteter Philanthropie.

Sprechen wir zunächst über Ersteres.

Eine fatale menschliche Neigung

Sich selbst zu erhalten und zu entwickeln ist das gemeinsame Bestreben aller Menschen, weshalb die freie Ausübung von Fähigkeiten und die freie Verfügung über Besitztümer durch den Einzelnen zu unaufhörlichem, ununterbrochenem und unfehlbarem sozialem Fortschritt führen würde.

Es gibt aber noch eine andere Veranlagung der Menschen. Sie leben und entwickeln sich, wenn möglich, auf Kosten anderer. Dies ist nicht die zufällige Unterstellung eines kummervollen und pessimistischen Geistes. Die Geschichte bezeugt es durch die unaufhörlichen Kriege, Völkerwanderungen, religiösen Unterdrückungen, Sklaverei, Industrieschwindel und Monopole, die ihre Annalen füllen.

Diese verhängnisvolle Veranlagung hat ihren Ursprung in der Konstitution des Menschen selbst, in jenem primitiven, universellen, unbesiegbaren Gefühl, das ihn zum Wohlbefinden drängt und den Schmerz fliehen lässt.

Eigentum und Enteignung

Der Mensch kann nur durch Assimilation, durch immerwährende Aneignung, d. h. durch immerwährende Anwendung seiner Fähigkeiten auf die Dinge –

also durch Arbeit – leben und gedeihen. So entsteht Eigentum.

Tatsächlich kann er aber auch leben und gedeihen, indem er sich Erzeugnisse der Fähigkeiten seiner Mitmenschen aneignet und einverleibt. So entsteht die Enteignung.

Da nun Arbeit an sich mühsam ist und der Mensch von Natur aus dazu neigt, Mühen aus dem Weg zu gehen, folgt daraus, wie die Geschichte beweist, dass überall dort, wo die Enteignung weniger kostspielig ist als die Arbeit, erstere vorherrscht; sie herrscht vor, ohne dass sie in solchen Fällen von Religion oder Moral verhindert werden könnte.

Wann hören Enteignungen auf? Sobald sie teurer und gefährlicher werden als Arbeit.

Es liegt auf der Hand, dass das Gesetz darauf abzielen sollte, dieser unheilvollen Tendenz das mächtige Hindernis der kollektiven Kraft entgegenzusetzen; dass es für das Eigentum und gegen die Enteignung Partei ergreifen sollte.

Aber das Gesetz wird in den meisten Fällen von einem Menschen oder einer Menschenklasse gemacht. Und da das Gesetz nicht ohne Sanktionen, ohne die Unterstützung einer übermächtigen Kraft zu existieren vermag, kann es nicht umhin, als diese

Kraft letztendlich in die Hände derer zu legen, die es erlassen.

Dieses unausweichliche Phänomen erklärt in Verbindung mit der verhängnisvollen Neigung, die wir im Herzen des Menschen erkannt haben, die nahezu universelle Pervertierung des Gesetzes. Man begreift, wie es, anstatt die Ungerechtigkeit zu bremsen, zu ihrem Instrument und tatsächlich zu ihrem unbezwingbarsten Instrument wird. Man begreift, dass es der Macht des Gesetzgebers entsprechend in unterschiedlicher Ausprägung, aber stets zu dessen Vorteil, Persönlichkeit, Freiheit und Eigentum der übrigen Menschen durch Sklaverei, Unterdrückung und Enteignung unterminiert.

Die Opfer legaler Enteignung

Es liegt in der Natur der Menschen, gegen die Ungerechtigkeit, der sie zum Opfer fallen, aufzubegehren. Wenn also die gesetzliche Enteignung zugunsten der gesetzgebenden Klassen organisiert wird, versuchen alle enteigneten Klassen, auf friedlichem oder revolutionärem Wege an der Ausarbeitung der Gesetze mitzuwirken. Dem von ihnen erreichten Bewusstseinszustand entsprechend können diese Klassen bei der Durchsetzung ihrer politischen Rechte zwei völlig unterschiedliche Zielsetzungen verfolgen: Entweder wollen sie die gesetzliche Enteignung beenden, oder sie streben danach, an ihr teilzuhaben.

Wehe, wehe jenen Nationen, deren Massen von letzterem Gedanken beseelt werden, sobald sie ihrerseits die gesetzgebende Gewalt ergreifen!

Bis zu diesem Zeitpunkt wurde die gesetzliche Enteignung von wenigen auf viele ausgeübt, wie es bei Völkern der Fall ist, in welchen das Recht, Gesetze zu erlassen, in weniger Hände kummuliert. Nun aber wurde es auf demokratischem Wege kollektiviert und man sucht das Gleichgewicht der im Widerstreit befindlichen Interessen in der universellen Plünderung. Statt die Ungerechtigkeit in der Gesellschaft auszurotten, verallgemeinert man sie. Sobald die zuvor benachteiligten Klassen ihre politischen Rechte wiedererlangt haben, ist ihr erster Gedanke nicht, sich von der Enteignung zu befreien (was ihrerseits eine Aufklärung voraussetzen würde, die sie nicht haben können), sondern gegen die anderen Klassen und zu ihrem eigenen Schaden ein System der Rache zu organisieren – als müsse der Entstehung einer Rechtsordnung eine grausame Vergeltung vorangehen, die am Ende alle heimsuchen wird: die einen ihrer Ungerechtigkeit, die anderen ihrer Unwissenheit wegen.

Die Folgen gesetzlicher Enteignung

Es könnte in der Gesellschaft keine größere Veränderung und kein größeres Unglück eintreten als dieses: die Transformation des Gesetzes in ein Instrument der Enteignung.

Was sind die Folgen einer derartigen Verwandlung? Sie alle zu beschreiben, würde Bände füllen. Begnügen wir uns damit, die auffälligsten zu nennen.

Die erste ist die Auslöschung jeder Vorstellung von Recht und Unrecht aus dem Bewusstsein der Menschen.

Keine Gesellschaft kann existieren, wenn sie nicht zu einem gewissen Grad von der Achtung vor dem Gesetz erfüllt ist; aber die sicherste Voraussetzung für die Beachtung der Gesetze ist deren Respektabilität. Wenn Gesetz und Moral sich im Widerspruch zueinander befinden, steht der Bürger vor der grausamen Alternative, entweder das Konzept der Moral oder die Achtung vor dem Gesetz zu verlieren – zwei Unglücksfälle gleichen Gewichts, zwischen denen die Wahl schwerfällt.

Es liegt so sehr in der Natur des Gesetzes, Gerechtigkeit zu schaffen, dass Gesetz und Gerechtigkeit in den Köpfen der Massen ein und dasselbe sind. Wir alle haben eine starke Neigung, das, was gesetzlich ist, als legitim zu betrachten, weshalb viele fälschlicherweise alle Gerechtigkeit aus dem Gesetz ableiten. Wenn das Gesetz die Enteignung anordnet und festschreibt, genügt dies, um letztere vielen Gewissen als gerecht und heilig erscheinen zu lassen. Sklaverei, Regulationen und Monopole finden ihre Befürworter nicht nur unter jenen, die von ihnen profitieren, sondern auch unter ihren Leidtragenden.

Das Schicksal von Nonkonformisten

Versuchen Sie einmal, Zweifel an der Moral dieser Institutionen aufzuwerfen. Man wird sagen: „Sie sind ein gefährlicher Neuerer, ein Utopist, ein Theoretiker, ein Gesetzesverächter; Sie rütteln an der Gesellschaftsgrundlage." Halten Sie eine Vorlesung über Moral oder zur Volkswirtschaftslehre? Es werden sich offizielle Gremien finden, die der Regierung diesen Wunsch übermitteln:

„Dass die Wissenschaft *von nun an nicht mehr* nur unter dem Gesichtspunkt des Freihandels (der Freiheit, des Eigentums und der Gerechtigkeit) gelehrt wird, wie es bisher geschah, sondern auch und vor allem unter dem Gesichtspunkt der Tatsachen und der (Freiheit, Eigentum und Gerechtigkeit erodierenden)

Gesetzgebung, welche die französische Industrie regiert."

„Dass der Professor an öffentlichen Lehrstühlen, welche vom Schatzamt bezahlt werden, strikt davon absieht, dem Respekt vor *geltenden Gesetzen* auch nur den geringsten Schaden zuzufügen[32], usw."

Wenn es also ein Gesetz gibt, das Sklaverei oder Monopole, Unterdrückung oder Enteignung in irgendeiner Form gutheißt, darf nicht einmal darüber gesprochen werden; denn wie könnte man über es sprechen, ohne den Respekt vor ihm zu beschädigen? Vielmehr wird man Moral und Volkswirtschaftslehre unter der Voraussetzung dieses Gesetzes lehren müssen, d. h. unter der Annahme, dass es schon deshalb gerecht ist, weil es Gesetz wurde.

Eine weitere Folge dieser beklagenswerten Pervertierung des Gesetzes ist das wachsende Übergewicht politischer Leidenschaften, politischer Kämpfe und der Politik überhaupt.

Ich könnte diese Behauptung auf tausende Arten beweisen. Ich beschränke mich darauf, sie anhand eines Beispiels mit einem Thema in Verbindung zu

32 Generalrat der Manufakturen, der Landwirtschaft und des Handels. (Sitzung vom 6. Mai 1850). Anmerkung des Autors.

bringen, welches in letzter Zeit alle Gemüter beschäftigt: dem allgemeinen Wahlrecht.

Wer soll richten?

Was auch immer die Anhänger der Rousseau'schen Schule, die sich selbst als *sehr fortschrittlich* bezeichnet und von der ich glaube, dass sie zwanzig Jahrhunderte weit *zurückliegt*, davon halten mögen, das *allgemeine* Wahlrecht (wobei dieses Wort seiner strengen Bedeutung nach zu verstehen ist) stellt keines jener heiligen Dogmen dar, in deren Falle selbst Prüfung und Zweifel Verbrechen sind.

Man darf ihm schwerwiegende Einwände entgegenstellen.

Zunächst verbirgt sich hinter dem Wort *allgemein* ein grober Sophismus. Frankreich hat sechsunddreißig Millionen Einwohner. Als ein *allgemeines* Wahlrecht müsste es sechsunddreißig Millionen Wählern zugestanden werden. Im umfassendsten System wird es nur neun Millionen zuerkannt. Drei von vier Personen werden also ausgeschlossen, und das gerade durch diesen Vierten. Auf welchem Prinzip beruht dieser Ausschluss? Auf dem Prinzip der Unfähigkeit. Allgemeines Wahlrecht bedeutet: allgemeines Wahlrecht der Fähigen. Es bleiben einige Tatsachenfragen in Bezug darauf, wer diese Fähigen sind. Sind Alter, Geschlecht und gerichtliche Verurteilungen die einzigen Anzeichen, anhand derer man Unfähigkeit erkennen kann?

Wenn man genau hinschaut, erkennt man sehr schnell den Grund, aus welchem das Wahlrecht auf der Annahme der Fähigkeit beruht und sich selbst das umfassendste System in dieser Hinsicht vom engsten nur durch Beurteilung der Anhaltspunkte, an denen man diese Befähigung festmacht, also nur graduell statt prinzipiell unterscheidet.

Der Grund hierfür besteht darin, dass der Wähler nicht nur für sich, sondern für alle wählt.

Wenn das Wahlrecht, wie griechisch und römisch gefärbte Republikaner behaupten, mit dem Leben auf uns übergegangen wäre, erschiene es ungerecht von Erwachsenen, Frauen und Kinder am Wählen zu hindern. Warum hindert man sie daran? Weil man annimmt, dass sie unfähig sind. Und warum ist die Unfähigkeit ein Grund für den Ausschluss? Weil der Wähler nicht nur die Verantwortung für seine Stimme trägt, sondern jede Stimme die gesamte Gemeinschaft betrifft und beeinflusst; weil die Gemeinschaft das Recht hat, einige Garantien für Handlungen zu verlangen, von denen ihr Wohlergehen und ihre Existenz abhängen.

Die Antwort liegt in der Einschränkung des Gesetzes

Ich weiß, was man darauf antworten kann. Ich weiß auch, was man auf diese Antwort erwidern könnte. Hier ist nicht der Ort, eine solche Kontroverse zu erschöpfen. Ich möchte vielmehr darauf hinweisen, dass selbst diese Kontroverse (wie die meisten politischen Fragen), welche die Völker bewegt, begeistert und erschüttert, fast ihre gesamte Bedeutung verlöre, nähme das Gesetz stets seinen korrekten Platz ein.

Beschränkte das Gesetz sich darauf, alle Personen, alle Freiheiten und alles Eigentum zu respektieren, wäre es nur die Organisation des individuellen Rechts auf Selbstverteidigung, das Hindernis, die Bremse, die Strafe, die allen Unterdrückungen und allen Enteignungen entgegengesetzt ist – wäre unter diesen Umständen anzunehmen, dass wir uns sonderlich über das mehr oder weniger allgemeine Wahlrecht streiten würden? Wäre dann anzunehmen, dass das Wahlrecht unser höchstes Gut, den öffentlichen Frieden, in Gefahr brächte? Wäre dann anzunehmen, dass die von der Wahl ausgeschlossenen Klassen nicht friedlich warteten, bis sie an der Reihe sind? Wäre dann anzunehmen, dass die wahlmündigen Klassen ihr Privileg allzu eifersüchtig hüteten? Und ist nicht klar, dass die einen, die wählen, auf diese Weise aufgrund des gleichen und gemeinsamen Interesses ohne große Nachteile für die anderen, die nicht wählen, handelten?

Die fatale Idee der rechtmäßigen Enteignung

Wenn aber das verhängnisvolle Prinzip eingeführt wird, dass das Gesetz unter dem Vorwand der Organisation, der Regulation, des Protektionismus und der Förderung *von den einen nehmen kann, um den anderen zu geben*, dass es aus dem von allen Klassen erworbenen Reichtum schöpfen kann, um den Reichtum einer Klasse zu erhöhen, mal den der Landwirte, mal den der Fabrikanten, der Kaufleute, der Schiffsbauer, der Künstler, der Schauspieler – ja, in diesem Fall gibt es keine Klasse, die nicht verständlicherweise bestrebt ist, auch ihre Hand ans Gesetz zu legen; die nicht wütend ihre Rechte, wählen und zur Wahl stehen zu dürfen, einfordert; die nicht eher die Gesellschaft umstürzte, als sich diese Rechte verweigern zu lassen. Selbst Bettler und Vagabunden werden Ihnen beweisen, unbestreitbare Wahlprivilegien zu haben. Sie werden Ihnen sagen: „Wir kaufen niemals Wein, Tabak oder Salz, ohne Steuern zu zahlen, und ein Teil dieser Steuern wird per Gesetz in Form von Subventionen und Zuschüssen an Männer vergeben, die reicher als wir sind. Andere nutzen das Gesetz, um die Preise von Brot, Fleisch, Eisen und Stoffen künstlich in die Höhe zu treiben. Da jeder das Gesetz zu seinem Vorteil ausnutzt, wollen auch wir es ausnutzen. Wir wollen mit seiner Hilfe ein *Recht auf Unterstützung* erwirken, welches die Teilnahme der Armen an der Enteignung darstellt. Dazu müssen wir Wähler und Gesetzgeber sein, um so das Almosenwesen für unsere Klasse in großem Stil zu organisieren, wie ihr den Protektionismus eurer Klasse in großem Stil organisiert habt. Sagen Sie nicht, dass Sie uns unseren Anteil geben und uns dem Vorschlag von Herrn Mimerel[33] folgend eine Summe von 600.000 Franken wie einen Knochen zuwerfen werden, um uns zum Schweigen zu bringen. Wir haben andere Ansprüche und wollen in jedem Fall für uns selbst wählen, wie auch die anderen Klassen für sich selbst gewählt haben!"

Was kann man auf dieses Argument antworten?

---

33 Auguste Mimerel (1786–1871), französischer Industrieller und Politiker. Anmerkung d. Hrsg.

Ein pervertiertes Gesetz führt zu Konflikten

Ja, solange grundsätzlich anerkannt wird, dass das Gesetz von seiner eigentlichen Zielsetzung abkommen kann, dass es Eigentum verletzen kann, anstatt es zu sichern, wird jede Klasse es gestalten wollen, entweder um sich gegen Enteignung zu wehren oder um sie zu ihrem Vorteil zu organisieren. Die politische Frage wird dann immer einen Präzedenzfallcharakter annehmen, dominant und absorbierend sein. Kurzum: Man wird sich vor der Türe des obersten Gerichts bekämpfen. Der Kampf in seinem Inneren wird nicht weniger erbittert sein. Um sich davon zu überzeugen, ist es kaum nötig, sich anzusehen, was in den Gerichtshofkammern Frankreichs und Englands vor sich geht; es genügt, zu wissen, wie die politische Frage dort formuliert wird.

Sklaverei und Zölle stellen Formen der Enteignung dar

Ist es notwendig, zu beweisen, dass diese abscheuliche Pervertierung des Gesetzes eine ständige Ursache für Hass und Zwietracht ist, die bis zur sozialen Zerrüttung führen kann? Werfen Sie einen Blick auf die Vereinigten Staaten. Weltweit stellen sie das Land dar, in dem das Gesetz am weitestgehenden auf seine Rolle eingeschränkt bleibt, welche darin besteht, jedem seine Freiheit und sein Eigentum zu garantieren. Außerdem sind sie das Land, in welchem die soziale Ordnung auf den stabilsten Grundlagen zu ruhen scheint. In den Vereinigten Staaten selbst gibt es jedoch zwei – und nur zwei – Problematiken, welche die politische Ordnung von Anfang an mehrmals in Gefahr brachten. Worum handelt es sich bei diesen? Um die Sklaverei und um Zölle, d. h. um die beiden einzigen Problematiken, in deren Fall das Gesetz entgegen dem allgemeinen Geist dieser Republik einen ausbeuterischen Charakter angenommen hat. Sklaverei ist eine gesetzlich sanktionierte Verletzung der individuellen Rechte. Protektionismus ist eine gesetzlich verankerte Verletzung des Eigentumsrechts. Es ist bemerkenswert, dass diese doppelte *gesetzliche Geißel*, ein trauriges Erbe der alten Welt, unter so vielen anderen Debatten die einzige ist, die den Bruch der Union herbeiführen könnte und vielleicht auch herbeiführen wird. In der Tat kann man sich in einer Gesellschaft keinen schwerwiegenderen Umstand vorstellen als *das Gesetz, das zu einem Instrument der Ungerechtigkeit geworden ist*. Und wenn diese Tatsache in den Vereinigten Staaten, wo sie nur eine Ausnahme ist, so gewaltige Folgen hat, wie muss sie sich dann erst in unserem Europa auswirken, wo sie ein regelrechtes Prinzip, ja ein ganzes System darstellt?

Zwei Arten der Enteignung

Herr de Montalembert[34], der sich den Gedanken einer berühmten Proklamation Herrn Carliers[35] zu eigen machte, sagte einmal: „Man muss gegen den Sozialismus Krieg führen." – Und mit ‚Sozialismus' meinte er, wie man annehmen muss, nach Herr Charles Dupins[36] Definition die Enteignung als solche.

Doch welche Enteignung meinte er? Schließlich gibt es zwei Arten der Enteignung. Es gibt die *extralegale Enteignung* und die *legale Enteignung*.

Was die außergesetzliche Enteignung betrifft, die wir als Diebstahl oder Betrug kennen und die im Strafgesetzbuch definiert, vorhergesehen und sanktioniert wird, so glaube ich wahrlich nicht, dass man sie mit dem Namen ‚Sozialismus' schmücken kann. Nicht sie ist es, welche die Gesellschaft systematisch in ihren Grundfesten bedroht. Im Übrigen hat der Krieg

34 Charles de Montalembert (1810–1970), französischer Historiker und Politiker. Anmerkung d. Hrsg.

35 Pierre Carlier (1799–1858), französischer Politiker und zeitweiliger Leiter der Pariser Polizei. Anmerkung d. Hrsg.

36 Charles Dupin (1784–1873), französischer Mathematiker, Ingenieur und Politiker. Anmerkung d. Hrsg.

gegen diese Art der Enteignung nicht auf ein Signal des Herrn de Montalembert oder Carlier gewartet. Er wird seit Anbeginn der Welt geführt. Frankreich führte ihn schon lange vor der Februarrevolution und dem Aufkommen des Sozialismus mit einem ganzen Apparat von Richtern, Polizei, Gendarmerie, Gefängnissen, Zuchthäusern und Schafotten. Es ist das Gesetz selbst, das diesen Krieg führt, und es wäre meiner Meinung nach wünschenswert, dass das Gesetz gegenüber der Enteignung stets diese Haltung beibehielte.

Gesetzliche Enteignung

Aber so ist es nicht. Das Gesetz ergreift manchmal Partei für sie. Manchmal vollzieht es sie mit seinen eigenen Händen, um dem Begünstigten Schande, Gefahr und Skrupel zu ersparen. Manchmal stellt es den gesamten Justiz-, Polizei-, Gendarmerie- und Gefängnisapparat in den Dienst des Enteigners und behandelt den sich wehrenden Enteigneten als Verbrecher. Es gibt also mit einem Wort die *legale Enteignung*, und zweifellos ist es sie, von welcher Herr de Montalembert spricht.

Diese Enteignung mag in der Gesetzgebung eines Volkes eine es befleckende Ausnahme darstellen, in welchem Fall es das Beste ist, sie trotz des Protestgeschreis der von ihr Begünstigten ohne großen Aufhebens schnellstmöglich zu tilgen.

Legale Enteignung erkennen

Wie kann man die legale Enteignung erkennen? Es ist ganz einfach. Man muss das Gesetz daraufhin überprüfen, ob es von den einen etwas nimmt, das ihnen gehört, um anderen zu geben, was denen nicht gehört. Man muss untersuchen, ob das Gesetz zugunsten eines Bürgers und zum Nachteil der anderen eine Handlung unternimmt, die dieser Bürger, ohne sich eines Verbrechens schuldig zu machen, nicht selbst durchführen könnte. Beeilen Sie sich, dieses Gesetz aufzuheben – nicht nur ist es selbst ungerecht, sondern eine fruchtbare Quelle weiterer Ungerechtigkeiten. Es schreit nach Vergeltung, und wenn man nicht aufpasst, wird sich die Ausnahme ausbreiten, vermehren und in ein System verwandeln. Zweifellos wird der Begünstigte laut aufschreien und sich auf seine *erworbenen Rechte* berufen. Er wird sagen, dass der Staat seiner Industrie Schutz und Förderung schuldet, und behaupten, dass es gut ist, wenn der Staat ihn bereichert, weil er als reicherer Mann mehr ausgibt und so einen wahren Lohnregen über die arme Arbeiterklasse hereinbrechen lässt. Hüten Sie sich davor, auf diesen Sophisten zu hören, denn gerade durch die Anerkennung derartiger Argumente wird die *gesetzliche Enteignung* systematisiert.

Genau das ist bereits geschehen. Das Hirngespinst der Gegenwart besteht darin, alle Klassen auf Kosten aller anderen zu bereichern; es besteht darin, die Enteignung unter dem Vorwand, *sie zu regulieren*, zu verallgemeinern.

Die gesetzliche Enteignung trägt viele Namen

Nun kann die gesetzliche Enteignung auf unendlich viele Arten ausgeübt werden, weshalb es unendlich viele Pläne gibt, sie zu beherrschen: Zölle, Protektionismus, Prämien, Subventionen, Anreize, progressive Steuern, kostenloser Unterricht, Recht auf Arbeit, Recht auf Gewinn, Recht auf Lohn, Recht auf Förderung, Recht auf Arbeitsausrüstung, kostenlose Kredite etc. Die Gesamtheit all dieser Pläne, deren Gemeinsamkeit die gesetzlich vollzogene Enteignung ist, wird als Sozialismus bezeichnet.

Da der Sozialismus laut dieser Definition eine Doktrin darstellt, stellt sich die Frage, welchen Krieg man gegen ihn führen kann, wenn nicht einen gegen eben diese Doktrin? Sofern Sie diese Doktrin falsch, absurd und abscheulich finden, widerlegen Sie sie. Das wird Ihnen umso leichter fallen, je falscher, absurder und abscheulicher sie tatsächlich ist. Wenn Sie dabei erfolgreich sein wollen, beginnen Sie damit, alles aus der Gesetzgebung zu tilgen, was sich an Sozialismus in ihr eingenistet hat – was kein kleines Unterfangen darstellt.

Sozialismus ist legale Enteignung

Man hat Herrn de Montalembert vorgeworfen, brutale Gewalt gegen den Sozialismus einsetzen zu wollen. Von diesem Vorwurf ist er zu entlasten, da er ausdrücklich Folgendes sagte: „Man muss gegen den Sozialismus einen Krieg führen, der mit dem Gesetz, der Ehre und der Gerechtigkeit vereinbar ist."

Wie aber kann es sein, dass Herr de Montalembert nicht merkt, dass er sich in einen Teufelskreis begibt? Sie wollen dem Sozialismus das Gesetz entgegenstellen? Aber gerade der Sozialismus selbst beruft sich ja auf das Gesetz. Er strebt nicht nach außergesetzlicher Enteignung, sondern nach gesetzlicher. Er will sich, wie die Monopolisten aller Art, das Gesetz selbst zum Werkzeug machen; und wie könnte man das Gesetz gegen ihn wenden, wenn er es einmal für sich in Anspruch genommen hat? Wie wollen Sie ihn unter die

Knute Ihrer Gerichte, Ihrer Gendarmen und Ihrer Gefängnisse bringen, wo er diese stattdessen zu seiner eigenen Hilfe aufrufen könnte?

Was tun Sie also? Sie wollen ihn daran hindern, Hand an die Gesetze zu legen. Sie wollen ihn aus dem obersten Gericht fernhalten. Ich wage zu prophezeien, dass Ihnen das nicht gelingen wird, solange in dessen Sälen das Prinzip der Enteignung gesetzlich verankert wird. Etwas anderes anzunehmen wäre irrational und absurd.

Die vor uns stehende Wahl

Das Problem der gesetzlichen Enteignung muss also von vorneherein geklärt werden, wobei es nur drei mögliche Lösungen gibt.

Dass die wenigen die vielen enteignen.

Dass jeder jeden enteignet.

Dass niemand niemanden enteignet.

Partielle Enteignung, universelle Enteignung, keinerlei Enteignung – man muss sich entscheiden. Das Gesetz kann nur stets eines dieser drei Ergebnisse anstreben.

Partielle Enteignung – sie ist das System, das vorherrschte, solange das Wahlrecht partiell war und stellt ein System dar, zu dem man zurückkehrt, um die Invasion durch den Sozialismus zu verhindern.

Universelle Enteignung – dieses System droht uns, seit das Wahlrecht universell wurde, da die Masse es sich in den Kopf setzte, Gesetze nach demselben Prinzip zu erlassen, dem vorherige Gesetzgeber im System der partiellen Enteignung folgten.

Keinerlei Enteignung – das ist das Prinzip der Gerechtigkeit, des Friedens, der Ordnung, der Stabilität, der Versöhnung und des gesunden Menschenverstandes, welches ich mit der ganzen, leider viel zu geringen Kraft meiner Lungen bis zu meinem letzten Atemzug verkünden werde.[37]

Die angemessene Funktion des Gesetzes

Und kann man vom Gesetz ehrlicherweise etwas anderes verlangen? Kann das Gesetz, dessen notwendiges Instrument die Gewalt ist, vernünftigerweise zu etwas anderem eingesetzt werden als dazu, jeden in seinem Recht zu bewahren? Ich bezweifle, dass man es über diesen Rahmen hinaus dehnen kann, ohne es zu verdrehen und die Macht gegen das Recht zu

---

37 Zum Zeitpunkt der Niederschrift wusste Bastiat bereits, dass er an Tuberkulose sterben würde. Er erlag der Krankheit im folgenden Jahr. Anmerkung des englischen Übersetzers.

wenden. Und weil dies die verhängnisvollste, unlogischste soziale Störung ist, die man sich vorstellen kann, muss eingestanden werden, dass die wahre, so sehr gesuchte Lösung des sozialen Problems in diesen einfachen Worten enthalten ist: *Das Gesetz ist die organisierte Gerechtigkeit*.

Über eines sollten wir uns im Klaren sein: Die Organisation der Gerechtigkeit durch das Gesetz, d.h. durch Gewalt, schließt den Gedanken, irgendeine Manifestation menschlicher Aktivität – sei dies nun Arbeit, Wohltätigkeit, Landwirtschaft, Handel, Industrie, Bildung, Kunst oder Religion – durch das Gesetz, also Gewalt, zu organisieren, aus. Es ist nämlich nicht möglich, dass eine dieser sekundären Organisationsformen die grundlegendere aufhebt. Wie sollte man sich eine Einschränkung der menschlichen Freiheit durch Gewalt vorstellen, in deren Rahmen letztere nicht zugleich die Gerechtigkeit verletzte und sich damit gegen ihren eigentlichen Zweck richtete?

Die betörende Versuchung des Sozialismus

Hier stoße ich auf das populärste Vorurteil unserer Zeit. Man will nicht nur, dass das Gesetz gerecht, sondern auch, dass es philanthropisch sei. Man begnügt sich nicht damit, dass es jedem Bürger die freie und harmlose Ausübung seiner Fähigkeiten im Rahmen seiner körperlichen, geistigen und sittlichen Entwicklung einräumt. Man verlangt vom Gesetz, dass es die Nation unmittelbar mit Wohlstand, Bildung und Sittlichkeit segnet. Das ist die verführerische Seite des Sozialismus.

Aber ich wiederhole, dass diese beiden Aufgaben des Gesetzes sich widersprechen. Man muss sich entscheiden. Der Bürger kann nicht gleichzeitig frei und unfrei sein.

Erzwungene Brüderlichkeit zerstört die Freiheit

Herr de Lamartine[38] schrieb mir einmal: „Ihre Doktrin umfasst nur die Hälfte meines Programms. Sie sind bei der Freiheit stehengeblieben, ich bin bei der Brüderlichkeit angekommen." Ich antwortete ihm: „Die zweite Hälfte Ihres Programms wird die erste zerstören." Und in der Tat ist es mir völlig unmöglich, das Wort *Brüderlichkeit* vom Wort *Freiwilligkeit* zu trennen. Es ist mir völlig unmöglich, mir eine *gesetzlich* erzwungene Brüderlichkeit vorzustellen, in deren Rahmen die Freiheit nicht *gesetzlich* zerstört und die Gerechtigkeit *gesetzlich* mit Füßen getreten würde.

38 Alphonse Marie Louis Prat de Lamartine (1790–1869). Französischer Schriftsteller und Politiker. Anmerkung d. Hrsg.

Die gesetzliche Enteignung hat zwei Wurzeln: Eine besteht, wie wir gerade gesehen haben, im menschlichen Egoismus; die andere in der Pseudophilanthropie.

Ich glaube, das Wort ‚Enteignung', bevor wir fortfahren, erklären zu müssen.

Enteignung verletzt das Eigentum

Ich verwende es nicht, wie es allzu oft geschieht, in einem vagen, unbestimmten, ungefähren, metaphorischen Sinne: Ich benutze es in einem ganz wissenschaftlichen und als Ausdruck jener Idee, die der des Eigentums entgegengesetzt ist. Wenn ein Teil des Reichtums von demjenigen, der ihn erwirtschaftet hat, ohne dessen Zustimmung und ohne Entschädigung auf jemanden übergeht, der ihn nicht erwirtschaftet hat – sei es durch Gewalt oder List – dann sage ich, dass es sich um eine Verletzung des Eigentums, also um Enteignung handelt. Ich sage, dass es genau das ist, was das Gesetz überall und immerfort verhindern sollte. Wenn das Gesetz die Handlung, die es verhindern sollte, selbst ausführt, behaupte ich, dass es sich deshalb nicht weniger um Enteignung handelt, sondern sogar um Enteignung mit erschwerenden Umständen. Nur dass in diesem Fall nicht derjenige, der von ihr profitiert, direkt für sie verantwortlich ist, sondern das Gesetz, der Gesetzgeber, die Gesellschaft, was das Ganze zu einer politischen Gefahr macht.

Es ist ärgerlich, dass dieses Wort etwas Brüskierendes hat. Ich habe vergeblich nach einem anderen gesucht, denn zu keiner Zeit, und heute weniger denn je, möchte ich inmitten all unserer Meinungsverschiedenheiten durch einen Begriff irritieren. Deshalb betone ich, ob man es mir nun glaubt oder nicht, dass ich niemandes Absichten oder Moral angreifen möchte. Ich greife eine Idee an, die ich für falsch halte, ein System, das mir ungerecht erscheint und das so sehr von unseren Absichten entkoppelt ist, dass jeder von uns von ihm profitiert, ohne es zu wollen, und unter ihm leidet, ohne es zu wissen.

Drei Enteignungssysteme

Man müsste unter dem Einfluss politischer Ideologie oder Furcht schreiben, um die Aufrichtigkeit des Protektionismus, des Sozialismus und sogar des Kommunismus in Frage zu stellen, die alle ein und dieselbe Pflanze in drei verschiedenen Stadien ihres Wachstums sind. Alles, was man sagen kann, ist, dass die Enteignung aufgrund ihrer Einseitigkeit im Protektionismus[39] und aufgrund ihrer Universalität im Kommunismus am deutlichsten sichtbar wird. Von den drei Enteignungssystemen ist der Sozialismus folglich das vageste, unentschlossenste und daher aufrichtigste.

Wie dem auch sei, lässt die Beobachtung, dass der gesetzliche Raub eine seiner Wurzeln in einer verqueren Philanthropie hat, die Absichten natürlich außer Frage.

Mit diesem Verständnis wollen wir nun untersuchen, was dieses populäre Streben danach, das allgemeine Wohl durch die allgemeine Enteignung zu erreichen, wert ist, woher es kommt und wohin es führt.

Das Gesetz ist Gewalt

Die Sozialisten sagen uns: „Das Gesetz organisiert Gerechtigkeit. Warum sollte es nicht auch Arbeit, Bildung und Religion organisieren?"

---

39 Wenn in Frankreich nur einer einzigen Klasse, zum Beispiel den Schmieden, Schutz gewährt würde, wäre er so absurd ausbeuterisch, dass er nicht aufrechterhalten werden könnte. Daher beobachten wir, dass sich alle geschützten Industrien zusammenschließen, gemeinsame Sache machen und auf eine Weise Verbündete rekrutieren, die ihnen den Anschein gibt, den *gesamten nationalen Arbeitsmarkt* zu repräsentieren. Sie spüren instinktiv, dass sich Enteignung durch ihre Verallgemeinerung verschleiern lässt. Anmerkung des Autors.

Warum? Weil es Arbeit, Bildung und Religion nicht organisieren kann, ohne die Gerechtigkeit zu desorganisieren.

Bedenken Sie, dass das Gesetz Gewalt ist und es daher den Bereich der legitimen Gewaltanwendung legitimerweise nicht überschreiten kann.

Wenn Gesetz und Gewalt einen Menschen in der Gerechtigkeit festhalten, zwingen sie ihm lediglich die Verneinung (Absage an Gewalt, Anm.) auf. Sie verlangen von ihm nichts als die Unterlassung von Schädigungen. Sie verletzen weder seine Persönlichkeit noch seine Freiheit noch sein Eigentum. Sie schützen lediglich Persönlichkeit, Freiheit und Eigentum anderer. Sie dienen der Abwehr, indem sie das gleiche Recht aller verteidigen. Sie erfüllen eine Aufgabe, deren Harmlosigkeit offensichtlich, deren Nutzen greifbar und deren Legitimität unbestreitbar ist.

Das Gesetz ist ein negatives Konzept

Dies ist so wahr, dass einer meiner Freunde einmal bemerkte, dass die Aussage, *der Zweck des Gesetzes bestehe darin, Gerechtigkeit zu schaffen*, nicht ganz korrekt ist. Es sollte heißen: *Das Ziel des Gesetzes ist es, Ungerechtigkeit zu verhindern*. Schließlich hat nicht die Gerechtigkeit, sondern die Ungerechtigkeit eine eigene Existenz. Die eine resultiert aus der Abwesenheit der anderen.

Doch wenn das Gesetz – durch sein notwendiges Agens, die Gewalt – eine Arbeitsweise, eine Lehrmethodik oder ein Lehrfach, einen Glauben oder einen Kult vorschreibt, wirkt es nicht mehr negativ, sondern positiv auf die Menschen ein. Dann setzt es den Willen des Gesetzgebers an die Stelle ihres Willens, die Initiative des Gesetzgebers an die Stelle ihrer eigenen Initiative. Sie müssen sich nicht mehr beraten oder Dinge vergleichen und vorhersagen; das Gesetz erledigt all das für sie. Die Intelligenz wird für sie zu einem nutzlosen Möbelstück; sie hören auf, Menschen zu sein; sie verlieren ihre Persönlichkeit, ihre Freiheit und ihr Eigentum.

Versuchen Sie, sich eine gewaltsam auferlegte Arbeitsform vorzustellen, welche nicht die Freiheit verletzt; eine Form gewaltsamer Vermögensumverteilung, die das Eigentum nicht verletzt. Wenn Ihnen das nicht gelingt, sind auch Sie der Meinung, dass das Gesetz weder Arbeit noch Industrien organisieren kann, ohne Ungerechtigkeit zu organisieren.

Der politische Ansatz

Wenn ein Autor den Blick aus der Tiefe seines Büros über die Gesellschaft schweifen lässt, wird er vom Anblick der Ungleichheit, der sich ihm bietet, betroffen. Er seufzt über die Leiden, welche so viele unserer Brüder befallen und die durch den Kontrast hin zu Luxus und Wohlstand noch trauriger erscheinen.

Vielleicht sollte er sich fragen, ob ein solcher sozialer Zustand nicht auf alte, durch Eroberungen verübte, sowie neue, durch Gesetze verübte Enteignungen zurückzuführen ist. Er sollte sich fragen, ob die Durchsetzung von Gerechtigkeit angesichts des Strebens aller Menschen nach Wohlstand und Vervollkommnung nicht ausreicht, um den größtmöglichen Fortschritt und das größtmögliche Maß an Gleichheit zu erreichen, welche mit jener individuellen Verantwortung vereinbar sind, die Gott als gerechte Konsequenzen von Tugend und Laster vorgesehen hat.

Der Politiker verschwendet darauf keinen Gedanken. Seine Gedanken wandern Verhandlungen, Absprachen und Organisationen zu – legalen und vorgeblich legalen. Er sieht das Heil in der Verewigung und Vergrößerung des Ursprungs all dieser Übel.

Denn neben der Gerechtigkeit, die, wie wir gesehen haben, rein negativ wirkt, gibt es unter diesen alternativen gesetzlichen Regelungen keine, die nicht das Prinzip der Enteignung enthielte.

Gesetz und Wohltätigkeit

Sie sagen: „Es gibt Menschen, denen es an Reichtum mangelt!" – und wenden sich an das Gesetz. Aber das Gesetz ist kein Euter, der sich selbst füllt oder seine Milch anderswo als aus der Gesellschaft schöpft. Einem Bürger oder einer Klasse wird nur das aus der Staatskasse gegeben, was andere Bürger und Klassen in diese einzuzahlen *gezwungen* wurden. Wenn jeder nur das Äquivalent dessen herausholt, was er eingezahlt hat, wirkt Ihr Gesetz zwar nicht enteignend, es tut aber auch nichts für die Menschen, *denen es an Reichtum mangelt*, und auch punkto Gleichheit erfolgt keine Verbesserung. Es kann nur insofern ein Instrument der Gleichheit sein, als es von den einen nimmt, um den anderen zu geben, und dann IST es ein Instrument der Enteignung. Prüfen Sie unter diesem Gesichtspunkt den Tarifschutz, Subventionen, das Recht auf Gewinn, das Recht auf Arbeit, das Recht auf Förderung, das Recht auf Bildung, die progressive Steuer, die kostenlose Kreditvergabe und öffentliche Projekte – immer finden Sie im Grunde genommen legale Enteignung, staatlich organisierte Ungerechtigkeit vor.

Gesetz und Bildung

Sie sagen: „Es gibt Menschen, die der Aufklärung bedürfen!" – und wenden sich an das Gesetz. Aber das Gesetz ist keine Fackel, die ihr eigenes Licht in die Ferne wirft. Es schwebt über einer Gesellschaft, in der es wissende und unwissende Menschen gibt; Bürger, die lernen müssen, und andere, die bereit sind, zu lehren. Es kann nur zweierlei tun: entweder diese Art von Wissenstransfer frei ablaufen, diese Art von Bedürfnissen sich frei befriedigen lassen – oder die Wunschvorstellungen der Menschen bedrängen und von den einen Geld für jene Lehrer abzweigen, welche die anderen in der Folge kostenlos unterrichten sollen. Aber es kann nicht verhindern, dass im zweiten Fall sowohl Freiheits- als auch Eigentumsrechte verletzt werden und es zu einer de facto gesetzlichen Enteignung kommt.

Gesetz und Moral

Sie sagen: „Einigen Menschen fehlt es an Moral oder Religion!" – und wenden sich an das Gesetz. Aber das Gesetz IST Gewalt. Muss ich erst noch erklären, wie gewalttätig und verrückt es wäre, in diesen Angelegenheiten Gewalt anzuwenden?

Am Ende seiner Regulierungen und Bemühungen angekommen, scheint es, als komme selbst der Sozialist in all seiner Selbstgefälligkeit nicht umhin, das von ihm geschaffene Monster der gesetzlichen Enteignung zu erkennen. Doch was tut er? Er verklärt das Gesehene vor aller Augen, selbst seinen eigenen, indem er es in die verführerischen Begriffe ‚Brüderlichkeit', ‚Solidarität', ‚Organisation' und ‚Vereinigung' hüllt. Doch weil wir nichts von alldem vom Gesetz verlangen, da wir von diesem ausschließlich Gerechtigkeit einfordern, nimmt er an, dass wir Brüderlichkeit, Solidarität, Organisation sowie Vereinigung als solche ablehnen, und wirft uns die Bezeichnung *Individualisten* an den Kopf.

Ihm soll gesagt sein, dass wir nicht die natürliche Organisation von uns weisen, sondern die erzwungene.

Unsere Ablehnung gilt nicht dem freien Zusammenschluss, sondern jenen Formen der Verbrüderung, die er uns aufnötigen möchte.

Es ist nicht die spontane, sondern die gesetzliche Brüderlichkeit, welcher wir uns verweigern.

Es ist nicht die der Vorsehung entspringende, sondern die künstliche Solidarität, der wir uns verschließen, weil sie nichts anderes als eine ungerechte Umschichtung von Verantwortung darstellt.

Eine Verwechslung der Begriffe

Der Sozialismus verwechselt, ganz wie die altertümlichen Ideen, aus welchen er hervorging, die Regierung mit der Gesellschaft. Deshalb folgert er immer, wenn die Übertragung einer Verantwortung auf die Regierung abgelehnt wird, dass die entsprechende Sache selbst abgelehnt werde. Wir lehnen staatliche Bildung ab; also wollen wir keine Bildung. Wir lehnen eine Staatsreligion ab; also wollen wir keine Religion. Wir lehnen staatliche, verordnete Gleichheit ab; daher wollen wir keine Gleichheit, usw. usf. Das alles ist so sinnvoll wie der Vorwurf, dass wir die Menschen vom Essen abhalten wollten, wenn wir den staatlichen Anbau von Weizen ablehnen.

Der Einfluss sozialistischer Autoren

Wie konnte sich in der politischen Welt jemals die bizarre Idee durchsetzen, das Gesetz könne dazu gebracht werden Dinge zu erschaffen, die in ihm gar nicht enthalten sind, nämlich einen gewissen Wohlstand, Wissenschaft und Religion, wie sie aus sich heraus prosperierende Umstände, im besten Wortsinne, konstituieren?

Moderne Autoren, insbesondere jene sozialistischer Denkschulen, gründen ihre verschiedenen Theorien auf eine ihnen gemeinsame Grundannahme, welche sicherlich die seltsamste und eingebildetste darstellt, welche einem menschlichen Gehirn entspringen kann.

Sie trennen die Menschheit zunächst in zwei Teile auf: Das Gros der Menschen, abzüglich einem, bildet die erste Gruppe; der Autor allein bildet die zweite und bei weitem wichtigere.

Sie gehen nun zunächst davon aus, dass die Menschen weder Handlungsmotivation noch so etwas wie Unterscheidungsvermögen in sich tragen; keine Initiative hätten; dass sie träge Materie sind, passive Moleküle, Atome ohne Spontaneität, bestenfalls ihrer eigenen Existenzweise gegenüber gleichgültige Gewächse, die von einem äußeren Willen und einer fremden Hand in eine unendliche Anzahl mehr oder weniger symmetrischer, künstlerischer, vervollkommneter Formen gebracht werden können.

Dann nimmt jeder von ihnen ohne Weiteres an, er selbst sei, unter den Plaketten ‚Organisator', ‚Offenbarer', ‚Gesetzgeber', ‚Lehrer' oder ‚Gründer' dieser

Wille und diese Hand, dieses universelle Motiv, diese schöpferische Kraft, deren erhabene Aufgabe darin bestehe, verstreutes Material – Menschen – aufzulesen und es zu einer kultivierten Gesellschaft zusammenzuschweißen.

Wie ein Gärtner seine Bäume nach Lust und Laune in die Formen von Pyramiden, Quadern, Würfeln, Kegeln, Keilen, Zylindern, Trapezen und Kugeln stutzt, zwingt der Sozialist die arme Menschheit seinen Wahnvorstellungen folgend in Gruppen, Zeitreihen, Zentren, Unterzentren, Waben, soziale, harmonierende, kontrastierende Arbeitervereinigungen usw.

Und so wie der Gärtner Äxte, Sägen, Meißel und Scheren braucht, um seine Bäume zu beschneiden, braucht der Autor zur Zurechtstutzung seiner Gesellschaft Kräfte, die er nur in den Gesetzen finden kann; im Zollgesetz, Steuergesetz, Sozialgesetz, Bildungsgesetz.

Sozialisten wollen Gott spielen

Dass Sozialisten die Menschheit als soziales Baumaterial betrachten, ist so wahr, dass sie selbst in Fällen, in welchen sie sich zufällig dem Erfolg ihrer Konstruktionen nicht ganz sicher sind, wenigstens einen Teil der Menschheit als *Experimentiermaterial* verlangen:

Man weiß, wie populär unter ihnen die Vorstellung ist, *alle Systeme zu testen*, und einer ihrer Führer forderte ernsthaft von der verfassungsgebenden Versammlung eine Gemeinde samt all ihrer Einwohner, um einen seiner Pläne an ihr zu erproben.

So baut jeder Erfinder eine Miniatur seiner Maschine, bevor er sie im realen Maßstab konstruiert. So opfert der Chemiker einige Reagenzien, der Landwirt einige Samen und eine Ecke seines Feldes, um eine Idee auszuprobieren.

Aber welch´ unermessliche Distanz liegt zwischen dem Gärtner und seinen Bäumen, dem Erfinder und seiner Maschine, dem Chemiker und seinen Reagenzien, dem Landwirt und seinem Saatgut! Der Sozialist ist aufrichtig in dem Glauben, dass dieselbe Entfernung ihn von der Menschheit trennt.

Es ist nicht verwunderlich, dass die Autoren des neunzehnten Jahrhunderts die Gesellschaft so als eine künstliche Schöpfung betrachten, welche allein dem Genie des Gesetzgebers entsprungen ist.

Diese Idee, eine Frucht klassischer Erziehung, beherrschte alle Denker und großen Schriftsteller unseres Landes.

Alle sahen sie zwischen der Menschheit und dem Gesetzgeber dieselbe Beziehung bestehen, wie zwischen Ton und Töpfer.

Sie waren der Meinung, Gott habe dem Herzen des Menschen ein Handlungs- und seiner Intelligenz ein Unterscheidungsprinzip zugestanden und dass die Menschheit unter dem Einfluss dieser beiden verhängnisvollen Gaben unweigerlich auf ihren Untergang zusteuere. Sie gingen davon aus, dass die ihren Neigungen überlassene Menschheit sich nur mit Religion beschäftigen würde, um im Atheismus zu enden, mit Bildung nur, um Verblendung zu erfahren, mit Arbeit und Handel nur, um letztlich im Elend zu versinken.

Sozialisten verachten die Menschheit

Glücklicherweise gibt es denselben Schriftstellern zufolge einige ‚Regierende' und ‚Gesetzgeber' genannte Männer, die vom Himmel nicht nur um ihrer selbst, sondern auch um aller anderen willen mit entgegengesetzten Tendenzen gesegnet wurden.

Während die Menschheit zum Bösen hin tendiere, neigten sie zum Guten; während die Menschheit also in die Finsternis marschiert, streben sie dem Lichte zu; während die Menschheit zum Laster verführt wird, würden sie von der Tugend angezogen. Und da es in ihren Augen so ist, verlangen sie nach Macht, um durch sie in die Lage versetzt zu werden, ihre eigenen Neigungen an die Stelle derer des Menschengeschlechts zu setzen.

Man muss nur wahllos ein Buch über Philosophie, Politik oder Geschichte aufschlagen, um zu sehen, wie tief in unserem Land jene Idee – Tochter der klassischen Studien und Mutter des Sozialismus – verwurzelt ist, dass die Menschheit eine träge Materie darstellt, welcher per Staatsgewalt Leben, Organisation, Moral und Reichtum eingehaucht wird; oder, was noch schlimmer ist, dass die Menschheit ihrem eigenen Niedergang entgegenstrebt und nur durch die geheimnisvolle Hand des Gesetzgebers von diesem Pfad abgebracht werden kann. Der klassische Konventionalismus sieht hinter der passiven Gesellschaft stets eine okkulte Macht wirken, die unter den Namen ‚Gesetz', ‚Gesetzgeber' oder der bequemeren und vageren Bezeichnung ‚man' die Menschheit bewegt, sie belebt, bereichert und zivilisiert.

Eine Verteidigung der Zwangsarbeit

„Einer der Werte, die MAN (wer?) dem Geist der Ägypter am stärksten einprägte, war die Liebe zum Vaterland ... Es war *nicht erlaubt*, für den Staat nutzlos zu sein; das Gesetz wies jedem seine Arbeit zu, die vom Vater an den Sohn weitergegeben wurde. Niemand durfte zwei Beschäftigungen nachgehen oder den Beruf wechseln ... Aber es gab eine allen gemeinsame *obligatorische* Aufgabe: das Studium der Gesetze und der Weisheit. Unkenntnis in Sachen Religion oder den Landesgesetzen wurde unter keinen Umständen geduldet. Im Übrigen hatte jeder Beruf seinen Bezirk, der ihm (von wem?) zugewiesen wurde ... Unter den guten Gesetzen war das beste, dass jeder (von wem?) im Geiste ihrer Befolgung erzogen wurde ... So füllte sich Ägypten mit wunderbaren Erfindungen und fast nichts, was das Leben bequem und angenehm zu gestalten vermochte, blieb unbekannt." – Bossuet[40]

Die Menschen schöpften Bossuet zufolge also nichts aus sich selbst: Patriotismus, Reichtum, Beschäftigung, Weisheit, Erfindungen, Ackerbau, Wissenschaft – all dies wurde ihnen durch die Wirkung der Gesetze oder Könige zugetragen. Sie mussten nur alles *mit sich machen lassen*.

---

40 Jacques Bénigne Bossuet (1627–1704), französischer Bischof. Anmerkung d. Hrsg.

Eine Verteidigung paternalistischer Regierungen

Als Diodor[41] die Ägypter beschuldigte, Kampf und Musik abzulehnen, wies Bossuet ihn zurecht. Wie sei das möglich, meinte er, wo diese Künste doch von Trismegistos[42] erfunden worden waren?

Ähnlich verhielt es sich laut Bossuet mit den Persern:

„Eines der ersten Anliegen *des Prinzen* war es, die Landwirtschaft erblühen zu lassen ... Da es Ämter gab, welche zur Führung der Armeen eingerichtet wurden, gab es auch über die ländlichen Arbeiten wachende ... Der Respekt, welchen MAN den Persern für die königliche Autorität einflößte, ging ins Unermessliche."

Die Griechen waren laut Bossuet zwar geistreich, aber dennoch so fremdbestimmt, dass sie sich wie Hunde oder Pferde nicht einmal die einfachsten Spiele hätten ausdenken können. In der klassischen Denkart gilt es als ausgemacht, dass den Völkern alles von außen zugetragen wird.

„Die Griechen, von Natur aus geistreich und mutig, waren schon früh von ägyptischen Königen und Ko-

---

41 Im 1. Jh. v. Chr. lebender griechischer Historiker. Anmerkung d. Hrsg.

42 Figur antiker Mythologie, deren Name – "der dreimal Größte" – sie als zugleich größten der Philosophen, Priester und Könige ausweist. Anmerkung d. Hrsg.

lonisten *kultiviert worden*. Von ihnen hatten sie Körperübungen, *die Fortbewegung zu Fuß*, zu Pferde und auf Streitwagen gelernt ... Das Beste, was die Ägypter sie lehrten, war Folgsamkeit und ein Hang, sich durch Gesetze für das öffentliche Wohl formen zu lassen."

Die Idee einer passiven Menschheit

Fénelon[43], der mit dem Studium und der Bewunderung der Antike aufgewachsen war und die Macht Ludwigs XIV. miterlebt hatte, konnte sich kaum der Vorstellung entziehen, dass die Menschen passiv und ihr Gedeih´und Verderb, ihre Tugenden wie ihre Laster auf jene äußere Einwirkung zurückzuführen seien, die durch das Gesetz oder den es Erlassenden auf sie ausgeübt wird. In seinem utopischen Salent[44] stellt er daher die Menschen samt ihrer Interessen, Fähigkeiten, Wünsche und Güter in den schrankenlosen Ermessensspielraum des Gesetzgebers. In keiner Angelegenheit sind es sie selbst, die für sich entscheiden; es ist stets der Fürst. Die Nation ist nur eine formlose Materie, deren Seele der Fürst verkörpert. Ihm wohnen Gedanken, Voraussicht, das Prinzip aller Organisation,

43 François Fénelon (1651–1715), französischer Erzbischof, Theologe und Schriftsteller. Anmerkung d. Hrsg.

44 Ein fiktiver Ort in Fénelons Roman *Die Abenteuer des Telemach*. Anmerkung d. Hrsg.

allen Fortschritts und folglich auch alle Verantwortung inne.

Um meine Behauptungen zu beweisen, müsste ich hier das gesamte zehnte Buch von Telemachos abschreiben. Ich verweise den Leser auf dieses und begnüge mich damit, einige zufällig ausgewählte Passagen dieses berühmten Werks zu zitieren, welchem ich, in jeglicher anderen Hinsicht, meine Ehrerbietung bezeuge.

Sozialisten ignorieren Rationalität und Tatsachen

Mit der für die Klassiker typischen, verblüffenden Leichtgläubigkeit gesteht Fénelon die allgemeine Glückseligkeit der Ägypter zwar ein, schreibt sie aber aller Vernunft und allen Tatsachen entgegen nicht ihrer eigenen Weisheit, sondern der ihrer Könige zu.

„Wir konnten unsere Augen auf keines der beiden Ufer werfen, ohne üppige Städte zu sehen, angenehm situierte Landhäuser, ruhelose Ländereien, die jedes Jahr mit einer goldenen Ernte bedeckt sind; Wiesen voller Herden; Arbeiter, die von der Last der Früchte, welche die Erde aus ihrem Schoß hervorspringen lässt, überwältigt sind; Hirten, welche die süßen Klänge ihrer Flöten und Pfeifen in der Umgebung widerhallen lassen. ‚Glücklich', sagte Mentor, ‚ist das Volk, das von einem weisen König geführt wird.'"

„Dann wies Mentor mich auf den in ganz Ägypten anzutreffenden Überschwang und Überfluss hin, und auf die zweiundzwanzigtausend in ihm zählbaren Städte; auf die Gerechtigkeit, die zugunsten der Armen *gegen* die Reichen ausgeübt würde; die gute Erziehung der Kinder, die an Gehorsam, Fleiß, Nüchternheit, Liebe zu Kunst und Literatur gewöhnt würden; die Gewissenhaftigkeit aller religiösen Zeremonien, die Selbstlosigkeit, den Wunsch nach Ehre, die Treue zu den Menschen und die Furcht vor den Göttern, die jeder Vater seinen Kindern einflößte. Er wurde der Bewunderung dieser schönen Ordnung nicht müde. ‚Glücklich', sagte er mir, ‚ist das Volk, das ein weiser König so führt.'"

Sozialisten wollen die Menschen reglementieren

Auf Kreta konstruiert Fénelon eine noch verführerischere Idylle und lässt durch den Mund Mentors Folgendes hinzufügen:

„Alles, was Sie auf dieser wunderbaren Insel sehen werden, ist das Resultat der Gesetzgebung Minos'. Die Erziehung, die er den Kindern angedeihen ließ, macht den Körper gesund und kräftig. MAN gewöhnt sie zunächst an ein einfaches, genügsames und arbeitsames Leben; MAN nimmt an, dass jede Lust Körper und Geist erweicht; MAN bietet ihnen kein anderes Vergnügen als das, durch Tugend Unbesiegbarkeit und Ruhm zu erwerben ... Hier sanktioniert MAN drei von anderen Völkern straflos akzeptierte Laster: Undankbarkeit, Unehrlichkeit und Geiz. Was Prunk und Verweichlichung angeht, so muss MAN diese nicht unterdrücken, da sie auf Kreta unbekannt sind ... MAN leidet hier nicht unter kostbaren Möbeln, prächtigen Kleidern, köstlichen Festmählern und goldenen Palästen."

So bereitet Mentor seinen Schüler darauf vor, das Volk Ithakas – mit zweifellos philanthropischen Absichten – zu formen und zu manipulieren. Um den Erfolg seiner Lektion sicherzustellen, führt er ihm das Beispiel Salents vor.

Das ist die Art und Weise, auf die wir unsere ersten politischen Vorstellungen empfangen. Man lehrt uns, die Menschen ungefähr so zu behandeln, wie Olivier de Serres[45] Landwirte lehrt, ihre Äcker zu bestellen.

45 Olivier de Serres (1539–1619), ein französischer Agronom, der starken Einfluss auf die französische Landwirtschaft nahm. Anmerkung d. Hrsg

Ein bekannter Name und eine bösartige Idee

„Um den Geist des Handels aufrechtzuerhalten, muss er von allen Gesetzen begünstigt werden. Diese müssen alle Vermögen in dem Maße teilen, in welchem sie durch den Handel vergrößert werden, und so jedem armen Bürger solchen Wohlstand zukommen lassen, dass er in die Lage versetzt wird, wie alle anderen zu arbeiten. Jeden reichen Bürger soll es demzufolge in solche Mittelmäßigkeit stürzen, dass er gezwungen wird, zu arbeiten, um aufrechtzuerhalten oder zu erwerben ..." – Montesquieu[46]

So verfügen die Gesetze über alle Vermögen.

„Obwohl in der Demokratie die wirkliche Gleichheit Seele des Staates ist, ist sie dennoch so schwer herzustellen, dass eine extreme Genauigkeit in dieser Hinsicht nicht immer erstrebenswert wäre. Es genügt, wenn MAN einen Zensus einführt, welcher die Unterschiede auf ein bestimmtes Maß reduziert oder festlegt. Danach ist es Sache der einzelnen Gesetze, Ungleichheiten durch die Lasten, die sie den Reichen auferlegen, und durch Erleichterungen, die sie den Armen gewähren, gewissermaßen auszugleichen ..."

---

46 Charles-Louis de Secondat, Baron de La Brède et de Montesquieu (1689–1755), französischer Schriftsteller. Anmerkung d. Hrsg.

Auch hier geht es um den durch Gesetze per Gewalt erwirkten Vermögensausgleich.

„In Griechenland gab es zwei Arten von Republiken. Die einen waren militaristisch, wie Sparta; die anderen waren Handelsstädte, wie Athen. In den einen *wollte* MAN die Bürger zu Waschlappen machen; in den anderen *versuchte* MAN den Arbeitseifer zu wecken."

„Ich flehe um eine angemessene Würdigung des Genies, welches diese Gesetzgeber brauchten, um vorab zu erkennen, dass sie, indem sie alle überlieferten Bräuche schockierten und alle Tugenden durcheinander warfen, dem Universum *ihre Weisheit* demonstrieren würden. Lykurg[47] hauchte dem Diebstahl die Seele der Gerechtigkeit ein, verband härteste Sklaverei mit äußerster Freiheit, die grausamsten Glaubenssätze mit der größten Mäßigung und verlieh seiner Stadt dadurch Stabilität. Er schien ihr alle Ressourcen, die Künste, den Handel, das Geld, ja sogar die natürlichen Abwehrmechanismen zu nehmen. Man zeigte dort allerhöchsten Einsatz ohne dafür einen materiellen Gewinn zu erwarten; natürliche Gefühlsregungen erfuhren keinerlei Ausdruck, denn Männer nahmen

---

47 Ein Gesetzgeber Spartas, welcher der Sage nach maßgeblich für die Verfassung und Gesellschaftsstruktur des Stadtstaates verantwortlich war. Anmerkung d. Hrsg.

weder die Rolle eines Sohnes, eines Ehemanns noch die eines Vaters wahr; selbst die Keuschheit war nicht länger an Scham gebunden. *Auf diesem Weg wird Sparta hin zu Größe und Ruhm geführt ...*"

„Dieses Außergewöhnliche, das man in den Institutionen Griechenlands beobachten konnte, sehen wir nun *inmitten des Abschaums und der Korruption der Neuzeit*. Ein durch Zufall aufrichtiger Gesetzgeber formte ein Volk, dem die Redlichkeit so inhärent zu sein schien wie die Tapferkeit den Spartanern. Tatsächlich ist Herr Penn[48] ein veritabler Lykurg, denn obwohl er den Frieden, der andere den Krieg zur Perspektive gewählt hatte, ähneln sie einander in dem einzigartigen Weg, auf den sie ihr Volk brachten und in ihrer Machtausübung über den Geist freier Menschen, in den Vorurteilen, die sie vorgaben besiegt zu haben sowie den Leidenschaften, die sie unterworfen haben."

„Paraguay liefert uns ein weiteres Beispiel." (für ein Volk, das zum eigenen "Wohl" vom Gesetzgeber zusammengezimmert wurde, Anm.)[49] Es ist klar,

---

48 William Penn (1644–1718), Gründer Pennsylvanias. Anmerkung d. Hrsg.

49 Paraguay umfasste damals ein viel größeres Gebiet als heute. Es wurde von den Jesuiten kolonisiert, welche die dortigen Indianer in Dörfern ansiedelten und sie im Allgemeinen vor weiteren durch Eroberer verübten Grausamkeiten bewahrten. Anm. d. englischen Übersetzers.

dass, wenn jemandem das Geben von Befehlen als das allergrößte Vergnügen im Leben gilt, dass dieser Mensch Verbrechen an einer freien Gesellschaft mit Wohlgefallen zusieht. ; doch wird es bis in alle Ewigkeit immer etwas Erhabenes sein, *Menschen auf eine Art und Weise zu regieren, die sie glücklicher macht* ..."

„*Diejenigen, die ähnliche Institutionen schaffen wollen, werden die Gütergemeinschaft* der Republik Platos[50], die von ihm geforderte Götterfurcht sowie aus Gründen des Sittenerhalts die Absonderung von Fremden durchsetzen. Anstelle der Bürger hat die Stadt selbst den Handel zu organisieren; die öffentliche Hand sollte uns Künstgenuss statt Luxus schenken und sich darauf konzentrieren unsere Grundbedürfnisse zu stillen, und nicht unsere kühnsten Träume ."

Eine grauenerregende Idee

Die vulgäre Schwärmerei mag ausrufen: „Das ist Montesquieu! Wie herrlich, wie erhaben!" Ich werde den Mut haben, meine Meinung zu vertreten und darauf Folgendes zu erwidern:

---

50 Plato (428/427–348/347 v. Chr.), griechischer Philosoph. Anmerkung d. Hrsg

Was? Sie besitzen die Unverfrorenheit, das schön zu finden?[51]

Es ist schrecklich! Es ist abscheulich! Diese Auszüge, denen ich unzählige hinzufügen könnte, zeigen, dass in Montesquieus Vorstellung Personen, Freiheiten, Eigentum, ja die gesamte Menschheit nur Material sind. Werkstoff, an dem sich die Klugheit des Gesetzgebers austoben darf.

Der Führer der Demokraten

Obwohl Rousseau[52], die höchste Autorität der Demokraten, das soziale Gefüge auf den *Willen der Allgemeinheit* gründet, hat niemand sonst so rückhaltlos die Annahme der völligen Passivität des Menschengeschlechts gegenüber seinen Gesetzgebern vertreten.

„Wenn es wahr ist, dass ein großer Fürst ein seltener Mensch ist, wie wird es dann um einen großen Gesetzgeber bestellt sein? Ersterer muss nur dem von Letzterem vorgeschlagenen Modell folgen. *Dieser ist der Mechaniker, der die Maschine erfindet*, der Thronfolger nur der Arbeiter, der sie zusammenbaut und zum Laufen bringt."

51 Ein Zitat aus Molières Theaterstück *Le Misanthrope ou l'Atrabilaire amoureux* (Der Menschenfeind). Anmerkung d. Hrsg.

52 Jean-Jacques Rousseau (1712–1778), Genfer Philosoph und Schriftsteller. Anmerkung d. Hrsg.

Und was ist in diesem Szenario der Mensch? Er ist die Maschine, die man zusammenbaut und die funktioniert, oder vielmehr der Werkstoff, aus dem die Maschine gefertigt ist!

So besteht zwischen dem Gesetzgeber und dem Fürsten, zwischen dem Fürsten und seinen Untertanen die gleiche Beziehung wie zwischen dem Agronomen und dem Landwirt, dem Landwirt und dem Ackerboden. Wie hoch über der Menschheit residiert also der Schriftsteller, der die Gesetzgeber selbst dirigiert und sie ihr Handwerk mit folgenden gebieterischen Worten lehrt:

„Wollen Sie dem Staate Festigkeit angedeihen lassen, so nähern Sie die Extreme einander weitestmöglich an. Tolerieren Sie weder Reiche noch Arme."

„Ist der Boden unfruchtbar oder das Land zu klein für seine Bewohner, so *wenden Sie sich* der Industrie und den Künsten zu, deren Erzeugnisse Sie gegen die Ihnen fehlenden Lebensmittel eintauschen können ... *Mangelt es Ihnen* hingegen auf gutem Boden an Einwohnern, so richten Sie ihre ganze Aufmerksamkeit auf den Ackerbau, der die Menschen vermehrt, und *verbannen Sie* die Künste, welche die Entvölkerung noch verschlimmerten, aus Ihrer Nation ... Nennen Sie weite und einladende Ufer Ihr Eigen, *überziehen Sie das Meer* mit Handelsschiffen; so sichern Sie sich ein brillantes und kurzes Leben. Wenn das Meer an Ihren Küsten nur unzugängliche Felsen umspült, *lassen Sie Ihr Volk fischessende Barbaren bleiben*, und sie werden ruhiger, vielleicht besser, mit Sicherheit jedoch glücklicher leben. Mit einem Wort, neben den allen gemeinsamen Maximen, ist jedes Volk das Ergebnis der ihm eigenen Umstände, die es auf besondere Weise formen und seine Gesetzgebung für es alleine charakteristisch machen. So war früher bei den Hebräern und ist neuerdings bei den Arabern die Religion der Angelpunkt, bei den Athenern die Literatur, im Falle Karthagos und Tyros' der Handel, für Rhodos die Seefahrt, für Sparta der Krieg und für Rom die Tugend. Der Autor von *Vom Geiste der Gesetze*[53] hat gezeigt, durch welche Kunstgriffe *der Gesetzgeber Institutionen auf diese Belange auszurichten hat* ... Wenn der Gesetzgeber aufgrund irriger Annahmen jedoch ein anderes Prinzip annimmt als jenes, das aus der Natur der Dinge selbst entspringt, wenn also das eine Prinzip nach Knechtschaft, das andere aber nach Freiheit strebte, das eine nach Reichtum, das andere nach Bevölkerungswachstum, das eine nach Frieden, das andere nach Eroberungen, so könnte man beobachten, wie die Gesetze unmerklich weniger wirksam würden,

53 Montesquieu.

die Verfassung sich veränderte und der Staat in unruhiger Bahn entweder seiner Zerstörung oder einer Transformation entgegenginge, woraufhin das unbezwingbare Prinzip der Natur seine Herrschaft wiedererlangte."

Wenn aber die Natur der Dinge unbesiegbar genug ist, ihr Reich *wiederzuerlangen*, warum gibt Rousseau dann nicht zu, dass es den Gesetzgeber erst gar nicht braucht, um dieses Reich von Anfang an *zu erlangen*? Warum gibt er nicht zu, dass die Menschen, ihren ureigenen Instinkten folgend, sich von selbst dem Handel an weiten und einladenden Ufern *zuwenden* werden, ohne dass sich ein Lykurg, ein Solon[54] oder ein Rousseau einmischen, auf die Gefahr hin , dass sie *sich irren*?

Sozialisten streben erzwungene Konformität an

Wie dem auch sei, man erfasst schnell die grässliche Verantwortung, die Rousseau den Erfindern, Lehrern, Lenkern, Gesetzgebern und Manipulatoren von Gesellschaften überträgt. Daher stellt er sehr hohe Anforderungen an sie.

„Wer es wagt, ein Volk zu gründen, muss sich dazu in der Lage fühlen, sozusagen die menschliche Natur

54 Solon (ca. 630 – ca. 560 v. Chr.), griechischer Politiker.

zu verändern, jedes Individuum, das für sich allein ein vollkommenes und einsames Ganzes ist, in einen Teil eines größeren Ganzen zu verwandeln, von dem dieses Individuum ganz oder teilweise sein Leben und sein Sein empfängt; die Konstitution des Menschen zu verändern, um sie zu stärken, die physische und unabhängige Existenz, die wir alle von der Natur erhalten haben, durch eine partielle und moralisierte Existenz zu ersetzen.[55] Er, der Möchtegern-Schöpfer, muss, mit einem Wort, den Menschen seiner eigenen Kräfte berauben, um ihm fremde zu geben, welche ihm natürlicherweise fremd wären ..."

Arme Spezies Mensch, was würden die Anhänger Rousseaus mit deiner Würde machen?

Gesetzgeber ersehnen die Formung der Menschheit

Setzen wir uns nun mit jenen Arten und Weisen auseinander, auf welche Gesetzgeber Raynal[56] zufolge die Menschheit formen sollen:

---

55 Rousseau zufolge ist die Existenz des sozialen Menschen insofern partiell, als er fortan nur noch ein Teil der Gesellschaft ist. Indem er sich selbst als solchen erkennt – und vom Standpunkt des Ganzen aus denkt und fühlt – wird er moralisch. Anm. d. englischen Übers.

56 Guillaume Thomas François Raynal (1713–1796), französischer Schriftsteller. Anmerkung d. Hrsg.

„Das Klima – d. h. Himmel und Boden – ist die Richtschnur des Gesetzgebers, denn seine Pflichten ergeben sich aus den *ihm zur Verfügung stehenden* Ressourcen. Allem voran muss er sich nach *seiner* örtlichen Lage richten. Ein Volk, das an der Meeresküste lebt, wird die Schifffahrt gesetzlich regeln müssen ... Wenn die Kolonie ins Landesinnere eindringt, muss ein Gesetzgeber Art und Grad der Fruchtbarkeit seiner Böden vorhersehen ..."

„Die Weisheit der Gesetzgebung wird vor allem bei der Verteilung des Eigentums zum Vorschein kommen. Im Allgemeinen und in allen Ländern der Welt muss man, wenn man eine Kolonie gründet, allen Menschen Land geben, d.h. jedem Menschen eine Fläche zur Verfügung stellen, die für den Unterhalt einer Familie ausreicht ..."

„Auf einer wilden Insel, die MAN mit Kindern *bevölkert*, braucht MAN nur die Keime der Wahrheit durch die Entwicklung der Vernunft aufblühen zu lassen ... Wenn MAN aber ein bereits altes Volk in einem neuen Land ansiedelt, besteht die Kunst darin, ihm nur die schädlichen Meinungen und Gewohnheiten, von denen man es nicht heilen kann, *zu lassen*. Will MAN verhindern, dass diese weitergegeben werden, so muss MAN die zweite Generation durch eine gemeinsame und öffentliche Erziehung der Kinder vor ihnen schützen. Ein Fürst, ein Gesetzgeber, sollte niemals eine Kolonie gründen, ohne vorher erfahrene Männer zur Unterweisung der Jugend in sie auszusenden ... In einer neu entstehenden Kolonie stehen einem beflissenen Gesetzgeber, *welcher das Blut und die Sitten eines Volkes reinhalten möchte*, alle Möglichkeiten offen. Wenn er Genie und Tugend besitzt, werden das Land und die Menschen, die er *in seinen Händen* halten wird, seine Seele zu einem Gesellschaftsentwurf inspirieren. Diesen Plan wird ein Schriftsteller stets nur vage nachzeichnen können, da er der Instabilität ALLER zugrundeliegenden Hypothesen unterworfen ist, was im Zusammenspiel mit einer Unzahl schwer vorhersehbarer Umstände zwangsläufig zu Abweichungen vom Plansoll und zu Komplikationen führen muss ..."

Instruktionen zur Handhabe von Menschen

Scheint es nicht so, als höre man einen Landwirtschaftsprofessor zu seinen Studenten sagen: „Das Klima – d.h. Himmel und Boden – ist die Richtschnur des Landwirts, denn seine Pflichten ergeben sich aus den *ihm zur Verfügung stehenden* Ressourcen. Allem voran muss er sich nach *seiner* örtlichen Lage richten. Befindet er sich auf lehmigem Boden, muss er sich so und so verhalten. Hat er es mit Sand zu tun, muss er sich so und so verhalten. Dem Landwirt, der seinen Boden reinigen und aufbereiten will, stehen alle Möglichkeiten offen. Wenn er sein Handwerk versteht, werden die Böden und die Düngemittel, die er *in seinen Händen* halten wird, ihn zu einem landwirtschaftlichen Plan inspirieren. Diesen Plan wird ein Professor stets nur vage nachzeichnen können, da er der Instabilität ALLER zugrundeliegenden Hypothesen unterworfen ist, was im Zusammenspiel mit einer Unzahl schwer vorhersehbarer Umstände kombiniert zwangsläufig zu Abweichungen vom Plansoll und zu Komplikationen führen muss ..."

Aber, oh erhabene Schriftsteller, denkt bitte ab und zu daran, dass der Lehm, der Sand, der Mist, über den ihr so willkürlich verfügt, Menschenkinder sind, eurer ebenbürtig: intelligente und freie Wesen wie ihr, die wie ihr von Gott die Fähigkeit erhalten haben, die Dinge für sich selbst zu betrachten, selbst in die Zukunft zu blicken, zu denken und zu urteilen!

Eine temporäre Diktatur

Mably[57] vertritt in Passagen, die der unten zitierten Textstelle vorangehen, die Position, dass die Gesetze durch den nagenden Zahn der Zeit und die Vernachlässigung der Sicherheit verkommen sind, und fährt dann folgendermaßen fort:

„Unter diesen Umständen muss man zu der Überzeugung gelangen, dass die Flügel der Regierung erlahmt sind. *Geben Sie* ihnen neue Spannkraft (Mably wendet sich hier an den Leser), und das Übel kann geheilt werden ... Denken Sie weniger daran, Verfehlungen zu bestrafen, als vielmehr jene Tugenden zu fördern, *die Sie benötigen*. So werden Sie *Ihrer Republik* die Stärke der Jugend zurückgeben. Gerade weil sie diese Vorgehensweise nicht kannten, verloren die freien Völker ihre Freiheit! Wenn das Übel jedoch so weit fortgeschritten ist, dass gewöhnliche Behörden ihm nicht wirksam entgegentreten können, müssen Sie auf ein außerordentliches Tribunal *zurückgreifen*, das für eine kurze Zeit über außerordentliche Macht verfügt. Der Vorstellungskraft der Bürger muss ein kräftiger Schubs verpasst werden ..."

---

57 Gabriel Bonnot de Mably, auch als Abbé de Mably bekannt (1709–1785), französischer Politiker und Philosoph. Anmerkung d. Hrsg.

In diesem Stil geht es zwanzig Bände lang weiter.

Unter dem Einfluss solcher Lehren, die das Fundament der klassischen Bildung sind, kam eine Zeit, in der jeder sich , außer- und oberhalb der Menschheit situieren wollte, um sie sodann nach seinem Belieben zu arrangieren, zu organisieren und zu formen.

Sozialisten wünschen sich eine Gleichverteilung allen Reichtums

Wenden wir uns damit Condillacs[58] Ansichten über Gesetzgeber und die Menschheit zu:

„Nehmen Sie, mein Herr, den Platz eines Lykurg oder Solon ein. Bevor Sie diese Schrift weiterlesen, vergnügen Sie sich damit, einem wilden Volk in Amerika oder Afrika Gesetze zu geben. Lassen Sie diese umherziehenden Menschen in festen Behausungen wohnen; lehren Sie sie, Tierherden zu nähren ... Arbeiten Sie daran, die sozialen Eigenschaften zu entwickeln, welche die Natur in sie gelegt hat ... Befehlen Sie ihnen, die Erfüllung der Pflichten der Menschheit anzugehen ... Vergällen Sie ihnen durch Bestrafung jene Freuden, welche die Leidenschaften verheißen und Sie werden sehen, wie diese Barbaren mit jedem

58 Étienne Bonnot de Condillac (1714–1780), französischer Philosoph. Anmerkung d. Hrsg.

weiteren Artikel Ihrer Gesetzgebung ein Laster verlieren und eine zusätzliche Tugend annehmen."

„Alle Völker haben Gesetze gehabt. Aber nur wenige von ihnen waren glücklich. Was ist die Ursache dafür? Es liegt daran, dass die Gesetzgeber fast immer ignoriert haben, dass der Zweck der Gesellschaft darin besteht, Familien auf ein gemeinsames Ziel hin zu einen."

„Die Unvoreingenommenheit der Gesetze besteht in zwei Dingen: Gleichheit in Vermögen sowie in der Würde der Bürger herzustellen ... In dem Maße, in dem Ihre Gesetze eine größere Gleichheit herzustellen vermögen, werden sie jedem Bürger zusehends lieb und teuer sein... Wie sollten dann Geiz, Ehrgeiz, Wollust, Faulheit, Müßiggang, Neid, Hass oder Eifersucht Menschen motivieren, die an Vermögen und Würde gleich sind, und die innerhalb der gesetzlichen Regelungen nun keinerlei Möglichkeiten mehr vorfinden, diese gewachsene Gleichheit zu zerstören?" (Es folgt die Idylle.)

„Was Sie von der Republik Sparta hörten, sollte Ihnen in dieser Sache ein großes Licht aufgehen lassen. Kein anderer Staat besaß jemals Gesetze, die der natürlichen Ordnung eher entsprochen hätten; der natürlichen Ordnung der Gleichheit.."

Der Fehlschluss sozialistischer Autoren

Es überrascht nicht, dass das siebzehnte und achtzehnte Jahrhundert das Menschengeschlecht als leblose Materie betrachtete, die alles, Form, Gestalt, Antrieb, Bewegung und Leben von einem großen Fürsten, einem großen Gesetzgeber, einem großen Genie empfing. Diese Jahrhunderte wurden vom Studium des Altertums genährt, und das Altertum bietet uns in der Tat überall, in Ägypten, Persien, Griechenland und Rom, das Schauspiel einiger Männer, welche die durch Gewalt oder Betrug versklavte Menschheit ihrem Willen gemäß manipulieren. Was beweist dies? Dass der Mensch und die Gesellschaft verbesserungsfähig sind und daher Irrtum, Unwissenheit, Despotismus, Sklaverei und Aberglaube gerade in den Anfängen der Menschheitsgeschichte gehäuft auftreten werden. Der Fehler der von mir zitierten Schriftsteller besteht nicht darin, dass sie diese Tatsache festgestellt haben, sondern dass sie sie als Vorbild zur Bewunderung für und Nachahmung durch künftige Generationen vorschlugen. Ihr Fehler ist, dass sie mit unvorstellbarer Kritiklosigkeit und auf der Grundlage eines kindlichen *Konventionalismus* davon ausgingen, dass die Größe, Würde, Moral und das Wohlergehen dieser fabrizierten Gesellschaften der alten

Welt selbstverständlich seien. Ihr Fehler war, zu verkennen, dass es die Zeit ist, die Licht hervorbringt und es verbreitet; dass in dem Maße, in welchem diese Erleuchtung stattfindet, die Kraft wie von selbst auf die Seite des Rechts übergeht und die Gesellschaft damit wieder in den Besitz ihrer selbst gelangt.

Was ist Freiheit?

Und in der Tat, worin bestehen die politischen Anstrengungen, denen wir beiwohnen? Aus nichts anderem als dem instinktiven Streben aller Völker nach Freiheit. Und was ist Freiheit – dieses Wort, das die Kraft hat, alle Herzen höher schlagen zu lassen und die Welt zu bewegen – anderes als die Gesamtheit aller Freiheiten: Gewissensfreiheit, Unterrichtsfreiheit, Vereinsfreiheit, Pressefreiheit, Bewegungsfreiheit, Arbeitsfreiheit, Tauschfreiheit; mit anderen Worten, die freie Ausübung aller harmlosen Fähigkeiten aller; mit anderen Worten, die Zerstörung aller Despotien, mitsamt der legalen Despotie, und die Reduzierung des Gesetzes auf seine einzige rationale Aufgabe, nämlich der Regelung des individuellen Rechts auf Selbstverteidigung und der Verhütung von Ungerechtigkeit?

Diese Tendenz des Menschengeschlechts wird zugegebenermaßen besonders in unserem Vaterland durch die verhängnisvolle, allen Schriftstellern gemeinsame Veranlagung – Frucht der klassischen Bildung – stark behindert. Es ist die Neigung, sich selbst außerhalb der Menschheit zu platzieren, um diese von oben herab nach Belieben zu ordnen, zu organisieren und einzurichten.

Philanthropische Tyrannei

Während die Gesellschaft sich um die Verwirklichung ihrer Freiheit bemüht, denken jene großen Männer, die sich an ihre Spitze stellen und die von den Prinzipien des siebzehnten und achtzehnten Jahrhunderts durchdrungen sind, nur daran, die Gesellschaft unter den philanthropischen Despotismus ihrer sozialen Erfindungen zu beugen und sie dazu zu bringen, das Joch der öffentlichen Wohlfahrt, wie sie es sich vorstellen, den Vorstellungen Rousseaus gemäß gefügig zu tragen.

Das zeigte sich insbesondere im Jahr 1789. Kaum war das *Ancien Régime* samt seiner Gesetze zerstört, machte man sich daran, die neue Gesellschaft anderen künstlichen Regelungen zu unterwerfen, wobei man immer von einem vereinbarten Punkt ausging: der Allmacht des Gesetzes.

Saint-Just[59]: „Der Gesetzgeber befiehlt der Zukunft. An ihm ist es, *das Gute zu wollen*. An ihm ist es, die Menschen zu dem zu machen, von dem er *will*, dass sie es sind."

Robespierre[60]: „Die Funktion der Regierung besteht darin, die physischen und moralischen Kräfte der Nation auf den Zweck ihrer Institution auszurichten."

Billaud-Varennes[61]: „Man *muss* das Volk, das man der Freiheit zurückgeben will, neu erschaffen. Da man alte Vorurteile zerstören, alte Gewohnheiten ändern, verdorbene Neigungen vervollkommnen, überflüssige Bedürfnisse einschränken und eingefleischte Laster ausrotten *muss*, bedarf es einer starken Aktion, eines vehementen Impulses ... Bürger, die unnachgiebige Strenge des Lykurgos wurde in Sparta zur unerschütterlichen Grundlage der Republik; der schwache und vertrauensselige Charakter Solons stürzte Athen er-

59 Louis Antoine Léon de Saint-Just (1767–1794), französischer Politiker. Anmerkung d. Hrsg.

60 Maximilien de Robespierre (1758–1794), französischer Anwalt, Politiker und Revolutionär. Anmerkung d. Hrsg.

61 Jacques Nicolas Billaud-Varenne (1756–1819), französischer Revolutionär. Anmerkung d. Hrsg.

neut in die Sklaverei. In dieser Parallele steckt der gesamte Wissensschatz der Regierung."

Lepelletier[62]: „In Anbetracht des Punktes, auf welchen die menschliche Spezies degeneriert ist, habe ich mich von der Notwendigkeit überzeugt, eine vollständige Regeneration durchzuführen und, wenn ich mich so ausdrücken darf, ein neues Volk zu erschaffen."

Sozialisten wollen die Diktatur

Wieder wird propagiert, Menschen seien nichts als schlichter Werkstoff. Es liege nicht an ihnen, *ihre Selbstermächtigung anzustreben*; sie seien dazu nicht in der Lage; das sei Saint-Just zufolge Sache des Gesetzgebers. Die Menschen sind für ihn nur das, von dem er *will*, dass sie es seien.

Laut Robespierre, der Rousseau wörtlich kopiert, beginnt der Gesetzgeber damit, der Institution Staat ihren höheren Zweck vorzuschreiben. Danach haben Regierungen nur noch die Aufgabe, *alle physischen und moralischen Kräfte* auf dieses Ziel auszurichten. Die Bevölkerung selbst bleibt bei all dem immer pas-

62 Louis-Michel Le Peletier de Saint-Fargeau (1760–1793), französischer Politiker. Anmerkung d. Hrsg.

siv, und Billaud-Varennes[63] lehrt uns, dass die Menschen ab dann nur mehr jene Vorurteile, Gewohnheiten, Zuneigungen und Bedürfnisse haben dürfen, die der Gesetzgeber autorisiert. Er geht sogar so weit, zu sagen, dass die unnachgiebige Strenge eines einzelnen Mannes die Grundlage der Republik ist.

Wir haben gesehen, dass Mably in Fällen, in denen das Übel so groß ist, dass die gewöhnlichen Magistrate keine Abhilfe schaffen können, die Diktatur empfiehlt, um die Tugend vollends zum Erblühen zu bringen. Ihm zufolge muss man in einem solchen Szenario „... auf ein außerordentliches Tribunal *zurückgreifen*, das für eine kurze Zeit über außerordentliche Macht verfügt. Die Vorstellungskraft der Bürger muss angeregt werden." Diese Doktrin ist nicht in Vergessenheit geraten. Hören wir uns Robespierre dazu an:

„Das Prinzip der republikanischen Regierung ist die Tugend, und das Mittel der Wahl zu ihrer Durchsetzung ist der Terror. Wir möchten in unserem Land Eigennutz durch Moral ersetzen, Ehre mit Redlichkeit, Bräuche mit Prinzipien, Anstand mit Pflichten, die Tyrannei der Mode mit der Herrschaft der Vernunft, Verachtung des Unglücks mit der Verachtung des Lasters,

63 Jacques Nicolas Billaud-Varenne (1756–1819), französischer Revolutionär. Anmerkung d. Hrsg.

Unverschämtheit mit Stolz, Eitelkeit mit Seelengröße, Liebe zum Geld mit Liebe zum Ruhm, die gute Gesellschaft möchten wir mit guten Mitmenschen ersetzen, Intrige mit Verdienst, Schöngeist mit Genie, Glanz mit der Wahrheit, die niederen Gelüste mit dem Charme des Glückes, die Kleinkariertheit der Mächtigen mit der Macht des kleinen Mannes, ein raues, leichtfertiges, elendes Volk mit einem großmütigen, mächtigen, glücklichen Volk; d.h. alle Laster und Lächerlichkeiten der Monarchie mit allen Tugenden und Wundern der Republik."

Diktatorische Arroganz

Auf welche über dem Rest der Menschheit befindliche Überhöhung hat sich Robespierre hier begeben! Und beachten Sie die Umstände, unter denen er spricht. Er beschränkt sich nicht darauf, den Wunsch nach einer großen Erneuerung des menschlichen Herzens zu äußern; er erwartet nicht einmal, dass diese aus einer normalen Regierung hervorgehen wird. Nein, er will sie selbst und mit Hilfe des Terrors herbeiführen. Die Rede, aus der diese kindische und forcierte Ansammlung von Antithesen stammt, sollte *die moralischen Grundsätze einer revolutionären Regierung darlegen*. Beachten Sie, dass Robespierre, indem er die Diktatur verlangt, nicht einfach ausländische Aggressoren oder innere Fraktionen bekämpfen, sondern seine eigenen moralischen Grundsätze durch Terror und ohne Rücksicht auf die Verfassung durchsetzen will. Sein Anspruch ist nicht weniger als die Ausrottung von *Egoismus, Ehre, Bräuchen, Anstand, Mode, Eitelkeit, Geldliebe, guter Gesellschaft, Intrigen, Schöngeistigkeit, Lust und Elend* - durch Terror. Erst wenn er, Robespierre, diese *Wunder* – wie er sie zu Recht nennt – vollbracht hat, wird er den Gesetzen erlauben, ihre Herrschaft wieder aufzunehmen. Hey! ihr Elenden, die ihr euch für so erhaben und die Menschheit für so mikrig haltet, dass ihr alles reformieren wollt: Reformiert euch zunächst selbst! Dies sei euch Aufgabe genug.

Indirekter Despotismus

Für gewöhnlich verlangen die Herren Reformer, Gesetzgeber und Schriftsteller jedoch nicht, einen sofortigen Despotismus über die Menschheit zu verhängen. Nein, dazu sind sie zu gemäßigt und zu philanthropisch. Sie fordern den Despotismus, den Absolutismus und die Allmacht bloß für das Gesetz ein. Für jenes Gesetz, das sie danach selbst zu schreiben trachten.

Um zu zeigen, wie weitverbreitet diese seltsame Geisteshaltung in Frankreich war, müsste ich den ganzen Mably und Raynal, den ganzen Rousseau und den ganzen Fénelon sowie lange Auszüge aus Bossuet und Montesquieu abschreiben, nicht zu vergessen die gesamten Protokolle der Sitzungen des Nationalkonvents. Davor werde ich mich hüten und den Leser lediglich auf sie verweisen.

Napoleon wollte einer passiven Menschheit gegenüberstehen

Man kann sich vorstellen, dass Bonaparte angesichts derartiger Ideen ins Schmunzeln geriet. Er nahm sie mit Eifer auf und setzte sie energisch in die Tat um. Während er sich selbst als Chemiker betätigte, sah er Europa lediglich als Experimentierfeld an. Doch schon bald zeitigten diese Versuche fatale Reaktionen. Zu drei Vierteln desillusioniert schien Bonaparte auf St. Helena zu erkennen, dass in den Völkern eine gewisse Initiative steckt, und wurde der Freiheit gegenüber weniger feindselig. Dies hinderte ihn jedoch nicht daran, seinem Sohn in seinem Testament folgende Lektion zu erteilen: „Regieren heißt, Moral, Bildung und Wohlstand zu verbreiten."

Ist es noch notwendig, durch langatmige Zitate die gedanklichen Ausgangspunkte von Morelly[64], Babeuf[65], Owen[66], Saint-Simon und Fourier[67] zu illustrieren? Ich werde mich darauf beschränken, dem Leser einige Auszüge aus Louis Blancs[68] Buch über die Organisation der Arbeit vorzulegen:

„In unserem Projekt erhält die Gesellschaft ihren Impuls von der Macht."

Worin besteht dieser Impuls, den die Gesellschaft von der Macht erhält? Darin, dass ihr Herrn L. Blancs *Projekt* auferlegt wird.

Nun ist natürlich die Gesellschaft die Menschheit.

Letztendlich erhält also die Menschheit ihren Impuls von Herrn L. Blanc.

Nun möge man sagen, dass ihr die Wahl ja freistehe. Zweifellos steht es der Menschheit frei, irgendje-

---

64 Étienne-Gabriel Morelly (1717–1778), französischer Philosoph. Anmerkung d. Hrsg.

65 François Noël Babeuf, als Cajus Gracchus Babeuf bekannt (1760–1797), französischer Journalist und Revolutionär. Anmerkung d. Hrsg.

66 Robert Owen (1771–1858), britischer Unternehmer, Sozialist und Gründerfigur der Genossenschaftsbewegung. Anmerkung d. Hrsg.

67 Charles Fourier (1772–1837), französischer Philosoph. Anmerkung d. Hrsg.

68 Louis Jean Joseph Charles Blanc (1811–1882), französischer Historiker und Politiker. Anmerkung d. Hrsg.

mandes *Ratschlägen* zu folgen. Aber so versteht Herr L. Blanc die Sache nicht. Er will, dass sein Projekt in ein *Gesetz* gegossen und sodann von der Macht gewaltsam durchgesetzt wird.

„In unserem Projekt gibt der Staat der Arbeit lediglich ein Gesetz (*wenn es denn sonst nichts ist*), nach dem sich die industrielle Bewegung in vollkommener Freiheit vollziehen kann und muss. Er (der Staat) setzt die Freiheit lediglich vor ein abschüssiges Gelände (*und nichts anderes?*), das sie, sobald sie einmal vor ihm platziert ist, allein durch die Kraft der Dinge und als natürliche Folge des *etablierten (bürokratischen – Anm. d. Hrsg.) Mechanismus* hinabsteigt."

Aber was ist dieses von Herrn L. Blank. erwähnte Gefälle? Führt es nicht in den Abgrund? Nein, es führt zum Glück. Wie kommt es, dass die Gesellschaft nicht von selbst diesen Abhang hinuntersteigt? Weil sie angeblich nicht weiß, was sie will, und weil sie einen Impuls braucht. Wer gibt ihr diesen *Impuls*? Die Macht. Und wer wird der Macht ihren Impuls geben? Allein der Erfinder des Mechanismus, Herr L. Blanc.

Der Teufelskreis des Sozialismus

Wir sollen diesem Teufelskreis nie mehr entkommen: eine passive Menschheit und ein großer Mann, der sie durch die Intervention des Gesetzes anschiebt.

Würde die Gesellschaft, wenn sie sich erst einmal auf diesem Abhang befindet, wenigstens ein gewisses Maß an Freiheit genießen? – Zweifellos. – Und was ist Freiheit überhaupt, Herr Blanc?

„Sagen wir es ein für alle Mal: Freiheit besteht nicht nur in dem gewährten RECHT, sondern in der dem Menschen überlassenen MACHT, seine Fähigkeiten unter der Herrschaft der Gerechtigkeit und unter dem Schutz des Gesetzes auszuüben und zu entwickeln.

„Und das ist keine leere Unterscheidung: Sie hat einen tiefen Sinn und weitreichende Folgen. Denn sobald wir zugeben, dass der Mensch, um wirklich frei zu sein, die MACHT braucht, seine Fähigkeiten auszuüben und zu entwickeln, folgt daraus, dass die Gesellschaft jedem ihrer Mitglieder die angemessene Bildung schuldet, ohne die sich der menschliche Geist nicht entfalten *kann*, und die Arbeitsmittel, ohne die sich die menschliche Tätigkeit ebensowenig zu entfalten vermag. Durch wessen Eingriff aber wird die Gesellschaft jedem ihrer Mitglieder die angemessene Bildung und die notwendigen Arbeitsinstrumente geben, wenn nicht durch den Eingriff des Staates?"

Freiheit ist also Macht. Worin besteht diese Macht? Im Besitz von Bildung und Arbeitsmitteln. Wer *stellt* diese Bildung und Arbeitsmittel *zur Verfügung*? Die Gesellschaft, die sie ihren Mitgliedern *schuldet*. Durch wessen Intervention wird die Gesellschaft denjenigen Arbeitsinstrumente geben, die keine besitzen? Durch die *Intervention des Staates*. Und von wem nimmt der Staat sie?

Es soll Sache des Lesers sein, die Antwort darauf zu geben und zu sehen, worauf all dies hinausläuft.

Die Doktrin der Demokraten

Eines der seltsamsten Phänomene unserer Zeit, das unsere Nachkommen wahrscheinlich sehr verwundern wird, ist, dass die Lehre, die sich auf folgende drei Annahmen stützt: die radikale Trägheit der Menschheit; die Allmacht des Gesetzes; die Unfehlbarkeit des Gesetzgebers, dass eben genau diese Lehre den inhaltlichen Kernl jener politischen Bewegungen darstellt, die sich selbst gerne als vollkommen demokratisch bezeichnen.

Sie bezeichnen sich vielmehr sogar als *sozial*.

Insofern sie demokratisch handeln, drückt dies einen grenzenlosen Glauben an die Menschheit aus.

Insofern sie *sozial* agieren, schätzen sie den Wert des Menschen geringer als Dreck.

Wenn es um politische Rechte geht, wenn es an der Zeit ist, einen Gesetzgeber aus seiner Mitte hervorzubringen, oh! dann ist das Volk ihrer Meinung nach die Verkörperung des rationalen Geistes und mit einem bewundernswerten Taktgefühl gesegnet. *Sein Wille ist immer rechtens; der allgemeine Wille kann gar nicht irren*. Das Wahlrecht kann gar nicht *allgemein* genug sein. Kein Wähler schuldet der Gesellschaft irgendwelche Garantien für seine Kompetenz. Der Wille und die Fähigkeit, das Richtige zu wählen, werden immer vorausgesetzt. Kann das Volk jemals irren? Befinden wir uns nicht im Zeitalter der Aufklärung? Was soll das heißen! Wird das Volk ewig bevormundet werden? Hat es sich seine Rechte nicht durch genügend Anstrengungen und Opfer erkämpft? Hat es nicht oft genug seine Intelligenz und Weisheit unter Beweis gestellt? Nicht seine Reife erlangt? Ist es nicht in der Lage, für sich selbst zu urteilen? Kennt es denn seine Interessen nicht? Gibt es einen Menschen oder eine Klasse, die es wagt, das Wahlrecht zu beanspruchen, an die Stelle des Volkes zu treten und für es zu entscheiden und zu handeln? Nein, nein, das Volk will *frei* sein und das wird es auch. Es möchte seine Angelegenheiten selbst regeln, und das wird es auch.

Ist der Gesetzgeber aber nach geschlagener Wahl von den Beisitzern befreit, oh! dann ändert sich der Ton abrupt. Die Nation kehrt in die Passivität, in die Trägheit, ins Nichts zurück, während der Gesetzgeber Allmacht erlangt. Sein ist aller Fortschritt, ihm steht Führung zu, er gibt den Impuls, er organisiert. Die Menschheit muss sich all dies nur noch gefallen lassen; die Stunde des Despotismus ist gekommen. Und beachten Sie, dass dies desaströs ist, denn dieses eben noch so aufgeklärte, so moralische, so vollkommene Wahlvolk hat plötzlich keinerlei eigene Neigungen mehr, und sollte es welche haben, dann werden diese schlechtgemacht.

Das sozialistische Freiheitskonzept

Aber sollte man den Leuten nicht ein wenig Freiheit lassen? Wissen Sie denn nicht, dass Freiheit laut Herrn Considerant[69] *fatalerweise zu Monopolen führt*? Wissen Sie nicht, dass Freiheit Wettbewerb bedeutet? Und dass Wettbewerb, Herrn L. Blanc zufolge, für

69 Victor Prosper Considerant (1808–1893), französischer Philosoph und Ökonom. Anmerkung d. Hrsg.

das *Volk ein System der Ausrottung, für die Bourgeoisie ein Quell des Ruins ist*? Dass die Völker deshalb umso mehr ausgerottet und ruiniert werden, je freier sie sind, wie die Schweiz, Holland, England und die Vereinigten Staaten beweisen? Wissen Sie nicht, dass Wettbewerb auch Herrn L. Blanc nach *zum Monopol und dass günstige Preise automatisch zu überhöhten Preisen führen*? Dass *der Wettbewerb dazu tendiert, die Quellen des Konsums auszutrocknen, während er die Produktion auf ein verschlingendes Niveau ankurbelt*? Dass *der Wettbewerb die Produktion zur Steigerung und den Konsum zur Abnahme zwingt*, woraus folgt, dass freie Völker produzieren, zeitgleich aber nicht mehr konsumieren!? Dass freier Wettbewerb *Unterdrückung und Wahnsinn zugleich ist*, was es unbedingt notwendig macht, dass Herr L. Blanc sich einmischt ...

Sozialisten fürchten alle Freiheiten

Welche Freiheit könnte man den Menschen überhaupt lassen? Wäre es die Gewissensfreiheit? In diesem Fall würden wir ihnen allen dabei zusehen müssen, wie sie diese Erlaubnis nutzten, um Atheisten zu werden. Oder sollen wir ihnen die Freiheit der Bildung zugestehen? Dann würden Väter sich beeilen, Professoren anzustellen, die ihre Söhne Unmoral und Irrtum lehrten. Außerdem würde der Unterricht, wenn man Herrn Thiers glaubt, sowie man ihn der nationalen Freiheit überließe, aufhören, patriotisch zu sein, und wir begännen, unsere Kinder in den Ideen der Türken oder der Inder zu erziehen, statt ihnen dank des gesetzlichen Despotismus der Universitäten das Glück zuteilwerden zu lassen, nach den edlen Vorstellungen der Römer erzogen zu werden. Arbeitsfreiheit? Das ist doch genau der Wettbewerb, der dazu führt, dass alle Produkte ungenutzt bleiben, das Volk ausgerottet und die Bourgeoisie ruiniert wird. Handelsfreiheit? Aber man weiß doch – und die Protektionisten haben dies bis zum Überdruss bewiesen – dass ein Mensch ruiniert wird, wenn er frei tauschen darf, und dass man, um Wohlstand zu erlangen, nur eingeschränkt Handel treiben darf. Vereinigungsfreiheit? Nach der sozialistischen Lehre schließen einander Freiheit und Vereinigung wechselseitig aus, denn man strebt ja gerade danach, den Menschen ihre Freiheit zu rauben, um sie damit erst recht dazu zu bringen, sich in wirklicher Freiheit zu verbünden.

Sie sehen also selbst, dass die demokratischen Sozialisten den Menschen guten Gewissens keine Freiheit lassen können, da diese aufgrund ihrer Natur und in Ermangelung eines Eingriffes ihrer Herren nach allen Seiten hin zu jeder Art von Niedergang und geistigem Verfall neigen.

In diesem Fall bleibt eines der allergrößten Rätsel, wie Sozialisten weiterhin strikt an einem allgemeinen Wahlrecht festhalten können.

Die Idee des Übermenschen

Die Ansprüche der Gesellschaftsklempner werfen eine weitere Frage auf, die ich ihnen oft gestellt habe und auf die sie meines Wissens nie antworteten. Wie kommt es angesichts des Umstandes, dass die natürlichen Neigungen der Menschen so schlecht sind, dass man ihre Freiheiten einschränken muss, dazu, dass gerade die Absichten dieser Pfuscher gut sein sollen? Sind die Gesetzgeber und ihre Agenten nicht selbst Teil des Menschengeschlechts? Glauben sie, dass sie aus einem anderen Ton geformt sind als die übrigen Menschen? Sie sagen, dass die Gesellschaft, wenn sie sich selbst überlassen bleibt, unweigerlich dem Abgrund zustrebt, weil ihre Instinkte verdorben sind. Sie behaupten, sie davon abzuhalten und ihr eine gedeihlichere Richtung zu geben. Die Gesellschaftsklempner haben also vom Himmel eine Intelligenz und Tugenden erhalten, die sie außerhalb und über der Menschheit platzieren – sollen sie also erstmal ihre ätherischen Titel vorzeigen! Sie wollen, dass sie die *Hirten* und wir die *Herde* sind. Diese Konstellation setzt ihre natürliche Überlegenheit voraus, von der wir zu Recht vorab einen Nachweis verlangen.

Sozialisten lehnen Entscheidungsfreiheit ab

Beachten Sie, dass ich ihnen nicht das Recht abspreche, soziale Arrangements zu erfinden, sie zu propagieren, zu diskutieren und auf eigene Kosten und Risiko an sich selbst auszuprobieren, sondern ich spreche ihnen das Recht ab, sie uns gewaltsam durch den Mittelsmann des Gesetzes, d. h. durch öffentliche Organe und Steuern, aufzuzwingen.

Ich verlange nicht, dass die Cabetisten, Fourieristen, Proudhonianer[70], Akademiker und sonstige Protektionisten auf ihre speziellen Ideen verzichten, sondern dass sie von ihner gemeinsamen Idee, uns mit Gewalt ihren Gruppen und Schichten, ihren sozialen Werkstätten, ihrer Gratiskreditbank, ihrer griechisch-römischen Moral und ihren Handelsschranken zu unterwerfen, lassen. Was ich mir erwarte, ist, uns die Möglichkeit zu geben, ihre Pläne zu bewerten, ohne

70 Pierre-Joseph Proudhon (1809–1865), französischer Philosoph, Ökonom und Politiker. Anmerkung d. Hrsg.

uns direkt oder indirekt an ihnen beteiligen zu müssen, sobald wir zu dem Schluss kommen, dass sie unsere Interessen verletzen oder unserem Gewissen widerstreben.

Denn die Anmaßung, unter Zuhilfenahme von Macht und Steuern zu intervenieren, ist nicht nur unterdrückerisch und ausbeuterisch, sondern impliziert insbesondere jene vorurteilsbehaftete Annahme: die Unfehlbarkeit des Gesellschaftsklempners sowie die Inkompetenz der Menschheit als solche.

Wenn aber die Menschheit tatsächlich eines eigenen Urteils unfähig ist, was kommt man uns dann immerzu mit Konzepten wie dem allgemeinen Wahlrecht?

Die Ursache französischer Revolutionen

Dieser Widerspruch innerhalb der Überlegungen spiegelte sich leider im Bereich der Ereignisse wieder. Während das französische Volk allen anderen im Erringen seiner Rechte oder vielmehr seiner politischen Garantien zuvorgekommen ist, ist es dennoch das am meisten regierte, geführte, verwaltete, gezwungene, behinderte und ausgebeutete aller Völker geblieben.

Unter allen anderen Ländern stehen zudem in Frankreich Revolutionen am unmittelbarsten bevor, was auch so sein muss.

Sobald man die Idee akzeptiert, die von all unseren Schriftstellern anerkannt und von Herrn L. Blanc so energisch mit den Worten ausgedrückt wird: „Die Gesellschaft erhält den Impuls von der Macht"; sobald die Menschen sich selbst als empfindsam, aber passiv betrachten, unfähig, sich durch ihre eigene Einsicht und ihre eigene Energie zu irgendeiner Moral, zu irgendeinem Wohlstand zu erheben, und sich darauf reduzieren, alles vom Gesetz zu erwarten – wenn sie also, kurz, eingestehen, dass ihre Beziehung zum Staat die der Herde zum Hirten darstellt, ist es klar, dass die Verantwortung des Staates immens wird.

Die enorme Macht der Regierung

Güter und Übel, Tugenden und Laster, Gleichheit und Ungleichheit, Reichtum und Elend – alles geht vom Staat aus. Er ist mit allem betraut, er unternimmt alles, er tut alles und er ist daher für alles verantwortlich. Wenn wir glücklich sind, fordert er zu Recht unsere Anerkennung; wenn wir aber elend sind, können wir nur ihm die Schuld geben. Verfügt er nicht prinzipiell jetzt schon über unsere Personen und unser Eigentum? Ist das Gesetz nicht allmächtig? Durch die Schaffung des Universitätsmonopols hat der Staat sich angemaßt, die Wunschvorstellungen der ihrer Freiheit beraubten Familienväter wahr werden zu lassen. Wenn diese Hoffnungen enttäuscht werden, wessen Schuld ist es dann? Durch die Regulierung der Industrie machte er sich für ihr Gedeihen stark, da es ansonsten widersinnig gewesen wäre, ihr die Freiheit zu nehmen. Wenn die Wirtschaft nun leidet, ist wer schuld? Indem er sich durch das Herumdoktern an Zöllen in die Gewichtung der Handelsbilanz einmischte, machte er es sich zur Aufgabe, den Handel zum Erblühen zu bringen. Wenn der Handel daraufhin aber nicht blüht, sondern abstirbt, ist wer genau daran schuld? Indem er den Reedereien im Tausch gegen ihre Freiheit seinen Schutz gewährte, machte er ihre Lukrativität zu seiner Verantwortung. Und wenn sie nun Verluste einfahren, so ist das wessen Schuld?

So gibt es innerhalb der Nation praktisch kein einziges Übel, für das sich die Regierung nicht freiwillig verantwortlich gemacht hätte. Ist es da verwunderlich, dass jedes Leid ein Grund dafür wird eine Revolution auszurufen?

Welches Heilmittel wird in dieser Situation propagiert? Die Therapie besteht erstaunlicherweise gerade darin, den Zuständigkeitsbereich des Gesetzes, d. h. die Zuständigkeitsbereiche der Regierung, weiterhin unbegrenzt ausufern zu lassen.

Aber wenn die Regierung die Aufgabe übernimmt, Löhne zu erhöhen und zu regulieren, sie es aber nicht kann; wenn sie sich zumutet, allen Unglücklichen beizustehen, sie es aber nicht kann; wenn sie allen Arbeitern eine Rente zusichert, sie es aber nicht kann; wenn sie alle Arbeiter mit Werkzeugen und Gerätschaften auszustatten gedenkt, sie es aber nicht kann; wenn sie garantiert, allen nach Krediten Hungernden kostenlose Darlehen zu eröffnen, sie es aber nicht kann; wenn der Staat gemäß den Worten, die wir mit Bedauern der Feder M. Lamartines entfleuchen sahen, „sich die Aufgabe stellt, die Seele der Völker zu erleuchten, zu entwickeln, zu vergrößern, zu stärken, zu vergeistigen und zu heiligen" und er dabei aber kläglich scheitert – erkennt man daraus denn nicht, dass dann am Ende der vorhersehbaren Enttäuschung eine ebenso unvermeidliche Revolution steht?

Politik und Ökonomie

Ich greife meine These wieder auf und sage: Unmittelbar im Anschluss an die Wirtschaftswissenschaften und vor dem Eintritt in den Fachbereich der Politikwissenschaften stellt sich folgende entscheidende Frage:

Was ist das Gesetz? Was soll es sein? Was ist sein Zuständigkeitsbereich? Wo liegen seine Grenzen? Wo enden folglich die Befugnisse des Gesetzgebers?

Ich zögere nicht zu antworten: *Das Gesetz ist die gemeinschaftlich organisierte Kraft zur Verhinderung von Ungerechtigkeiten* – oder, um es kurz zu machen: GESETZ IST GERECHTIGKEIT.

Rechtmäßige legislative Funktionen

Es ist nicht wahr, dass der Gesetzgeber absolute Macht über unsere Personen und unser Eigentum hat, da diese bereits vorab existieren und seine Aufgabe gerade darin bestehen sollte, unsere Freiheitsrechte mit Garantien zu umgeben.

Es ist nicht wahr, dass es dem Gesetz obliegt, unser Bewusstsein, unsere Ideen, unseren Willen, unsere Bildung, unsere Gefühle, unsere Arbeit, unseren Austausch, unsere Begabungen und unsere Genüsse zu regeln.

Seine Aufgabe ist es, zu verhindern, dass in einem dieser Bereiche das Recht des einen das Recht des anderen usurpiert.

Da das probate Mittel des Gesetzes die Gewalt ist, kann der legitime Bereich des Gesetzes nur dort sein, wo Gewalt angewandt werden muss. Etwa im gesamten Bereich der Justiz.

Und da jedes Individuum nur im Falle der Selbstverteidigung das Recht hat, rohe Gewalt anzuwenden, kann die kollektive Gewalt, die nur die Bündelung der individuellen Kräfte darstellt, nicht rechtmäßig zu einem anderen Zweck in Anschlag gebracht werden.

Das Gesetz ist also nicht weniger als die Umsetzung eines individuellen Rechts auf Selbstverteidigung, welches Bestand hatte lange bevor der Mensch formale Regularien erlassen hat.

GESETZ IST GERECHTIGKEIT.

Gesetz und Wohltätigkeit sind nicht dasselbe

Es ist unangebracht, dass das GesetzMenschen unterdrücken oder enteignen kann, selbst wenn dies zu philanthropischen Zwecken geschieht, da seine urtümliche Aufgabe eigentlich darin bestünde, Menschen und deren Rechte zu bewahren.

Und man sage nicht, dass Gesetze durchaus mildtätig sein dürfen, solange sie sich jeglicher Unterdrückung oder Enteignung enthalten, denn das wäre ein Widerspruch in sich. Dem Gesetz ist es nicht möglich zu vermeiden, dass es Einfluss auf uns als Menschen oder unser Eigentum ausübt. Wenn es im Zuge seiner Anwendung diese individuellen Freiheitsrechte nicht garantieren kann, verletzt es diese allein schon dadurch, dass es vollzogen wird, vielmehr: Es verletzte sie allein schon aufgrund seiner Existenz.

GESETZ IST GERECHTIGKEIT.

Das ist klar, einfach, perfekt definiert und abgegrenzt, für jeden verständlich und für aller Augen sichtbar, denn die Gerechtigkeit ist eine gegebene, unveränderbare und unveränderliche Konstante, die ein *Mehr* oder *Weniger* nicht zulässt.

Überschreiten Sie diese Grenzen, um ein religiöses, brüderliches, egalitäres, philanthropisches, industrielles, literarisches oder künstlerisches Gesetz zu erlassen, und Sie werden sich im Unendlichen, Ungewissen, Unbekannten, ja in einer aufgezwungenen Utopie wiederfinden – oder, was noch schlimmer ist, in einer Vielzahl von um die Macht des Gesetzes konkurrierender Utopien, denn anders als das Gesetz haben weder Brüderlichkeit noch Philanthropie feste Grenzen. Wo werden Sie innehalten? Wo wird der Geltungsbereich der Gesetze enden?

Der moralisierende Weg in den Kommunismus

Der eine wird, wie Herr de Saint-Cricq[71], seine Philanthropie nur auf einige Klassen von Industriellen ausdehnen und vom Gesetz verlangen, dass es zugunsten der Produzenten über die Rechte der Konsumenten verfügt. Ein anderer wird, wie Herr Considerant, die Sache der Arbeiter in die Hand nehmen und vom Gesetz ein *gesichertes* MINIMUM *an Kleidung, Unterkunft, Nahrung und allen für den Lebensunterhalt notwendigen Dingen* einfordern. Ein dritter, Herr L. Blanc, wird mit Recht sagen, dass dies eine nur angedeutete Brüderlichkeit ist und das Gesetz allen Arbeitsgerät und Bildung zukommen lassen muss. Ein Vierter wird darauf hinweisen, dass eine solche Anordnung immer noch Raum für Ungleichheit lässt und dass das Gesetz Luxus, Literatur und Kunst auch noch in die entlegensten Dörfer zu bringen habe. Sie werden auf diese Weise – von Wohltätern – bis in den *Kommunismus* verführt und die Gesetzgebung wird ... das sein, was sie bereits ist: das Schlachtfeld sämtlicher Träumereien und aller Habgier.

---

71 Pierre de Saint-Cricq (1772–1854), französischer Zolldirektor und Politiker. Anmerkung d. Hrsg

Die Grundlage einer stabilen Regierung

GESETZ IST GERECHTIGKEIT.

Unter dieser Vorgabe konzipiert man eine einfache, unerschütterliche Regierung. Und ich fordere jeden heraus, mir zu sagen, woher der Gedanke an eine Revolution, einen Aufstand oder einen schlichten Tumult gegen die öffentliche Hand kommen soll, wenn diese sich auf die Unterdrückung von Ungerechtigkeit beschränkte. Unter einem solchen Regime gäbe es mehr Wohlstand, der Reichtum wäre gleichmäßiger verteilt, und was mit dem Menschsein untrennbar verbundene Leiden betrifft, so würde niemand daran denken, die Regierung für diese verantwortlich zu machen, da sie an ihnen ebenso unbeteiligt wäre wie an den Schwankungen der Tagestemperaturen. Hat man jemals gesehen, dass sich das Volk gegen den Kassationsgerichtshof auflehnt oder in den Saal eines Friedensrichters eindringt, um Mindestlöhne, kostenlose Kredite, Arbeitsinstrumente, Tarifbegünstigungen oder soziale Werkstätten zu fordern? Man weiß sehr wohl, dass diese Dinge außerhalb der Macht des Richters liegen, und ebenso würde man einsehen, dass sie auch außerhalb des Einflussbereichs der Gesetze liegen.

Errichten Sie das Gesetz jedoch auf dem Prinzip der Brüderlichkeit und dergleichen und verkünden, Gut und Böse gingen aus ihm hervor, es sei für alles individuelle Leid, für jegliche soziale Ungleichheit verantwortlich, so stoßen Sie die Tür auf hin zu einer endlosen Reihe von Klagen, Hass, Unruhen und Revolutionen.

Gerechtigkeit bedeutet Gleichheit der Rechte

GESETZ IST GERECHTIGKEIT.

Und es wäre sehr seltsam, wenn es rechtmäßigerweise etwas anderes darzustellen vermag! Ist Gerechtigkeit nicht gleich Recht? Sind die Rechte aller nicht gleich? Wie sollte das Gesetz also eingreifen, um mich den Sozialplänen der Herren Mimerel, de Melun[72], Thiers und Louis Blanc zu unterwerfen, statt diese Herren meinen Plänen zu unterwerfen? Glaubt man etwa, dass ich von der Natur nicht genug Fantasie erhalten habe, um ebenfalls eine Utopie zu erfinden? Ist es die Aufgabe des Gesetzes, eine Auswahl unter einer Vielzahl von Hirngespinsten zu treffen und die öffentliche Gewalt in den Dienst von einem dieser Herren zu stellen?

---

72 Armand de Melun (1807–1877), französischer Politiker. Anmerkung d. Hrsg.

GESETZ IST GERECHTIGKEIT.

Und man soll nicht, wie es immer wieder geschieht, behaupten, dass das so konzipierte atheistische, individualistische und von unnötigen Anhängseln befreite Gesetz die Menschheit nach seinem eigenen Bilde gestalten würde. Denn das ist eine unhaltbare Schlussfolgerung und dieser Regierungsschwärmerei würdig, welche davon ausgeht das GESETZ sei DIE MENSCHHEIT.

Was soll das nun bedeuten? Folgt aus einem klaren Begriff von Freiheit die Handlungsunfähigkeit? Folgt aus dem Umstand, dass wir keinen Impuls vom Gesetz erhalten, unsere eigene Impulslosigkeit? Folgte daraus, dass das Gesetz uns nichts als die freie Entfaltung unserer Fähigkeiten garantierte, deren Erschlaffung? Wenn das Gesetz uns keine Religionsformen, Vereinsformen, Lehrmethoden, Arbeitsverfahren, Tauschvorlieben und Wohltätigkeitspläne vorschreiben würde, folgt daraus dann, dass wir in Atheismus, Isolation, Unwissenheit, Elend und Egoismus untergingen? Werden wir sodann nicht mehr in der Lage dazu sein, Gottes Macht und Güte anzuerkennen, uns zusammenzuschließen, uns gegenseitig zu helfen, unsere unglücklichen Brüder zu lieben und ihnen beizustehen, die Geheimnisse der Natur zu erforschen und nach der Vervollkommnung unseres Wesens zu streben?

Der Weg zu Würde und Fortschritt.

GESETZ IST GERECHTIGKEIT.

Und unter dem Gesetz der Gerechtigkeit, unter der Herrschaft des Rechts, unter dem Einfluss von Freiheit, Sicherheit, Stabilität und Verantwortung kann endlich jeder Mensch zu seinem vollen Wert, zur vollen Würde seines Wesens gelangen, und die Menschheit wird den Fortschritt, der ihre Bestimmung ist, geordnet, ruhig, vielleicht langsam, aber mit Gewissheit vollziehen.

Mir scheint, als habe ich die Theorie auf meiner Seite; denn welche Frage ich ihr auch immer zur Analyse vorlege, sei sie religiös, philosophisch, politisch oder wirtschaftlich; ob es sich um Wohlstand, Moral, Gleichheit, Recht, Gerechtigkeit, Fortschritt, Verantwortung, Solidarität, Eigentum, Arbeit, Handel, Kapital, Löhne, Steuern, Bevölkerung, Kredit oder Regierung handelt; an welchem Punkt des wissenschaftlichen Horizonts ich auch immer den Ausgangspunkt meiner Untersuchungen ansetze, immer komme ich unweigerlich zu folgendem Ergebnis: Die Lösung des sozialen Problems liegt allein in der Freiheit.

Der Beweis einer Idee

Und spricht nicht in dieser Sache auch die Erfahrung für mich? Lassen Sie Ihren Blick über den Globus schweifen. Welches sind die glücklichsten, sittlichsten und friedlichsten Völker? Diejenigen, deren Gesetz am wenigsten in private Angelegenheiten eingreift; in denen die Regierung am wenigsten spürbar ist; in denen die Individualität am stärksten ausgeprägt und die unverfälschte öffentliche Meinung am wirksamsten ist; in denen das Räderwerk der Verwaltung am wenigsten ausdifferenziert und unkompliziert ist; die Steuern am niedrigsten und am wenigsten ungleich sind; die Unzufriedenheit des Volkes am wenigsten erregt und am wenigsten zu rechtfertigen ist; wo die Verantwortung der Einzelnen sowie der Klassen am bedeutendsten ist und wo folglich die Sitten zwar nicht vollkommen sind, aber unbestreitbar dazu neigen, sich selbst zu korrigieren; wo Transaktionen, Vereinbarungen und Vereinigungen am wenigsten behindert werden; wo Arbeit, Kapital und Bevölkerungen die geringsten künstlichen Verschiebungen erfahren; wo die Menschheit am stärksten ihrer eigenen Neigung folgt; wo der Geist Gottes am ehesten über die Erfindungen der Menschen wirkt. Mit einem Satz in Völkern, die sich folgender Lösung am stärksten annähern: Im

Rahmen des Rechts geschehe alles durch die freie und adaptive Spontaneität des Menschen; nichts sei durch Gesetz oder dessen Gewalt bewirkt als allgemeine Gerechtigkeit.

Das Verlangen, über andere zu herrschen

Es muss gesagt werden: Es gibt zu viele große Herren auf dieser Welt; es gibt zu viele Gesetzgeber, Gesellschaftsklempner, Schulmeister, Lenker von Völkern, Väter von Nationen usw. Die Welt ist zu weitläufig. Es gibt zu viele Menschen, die sich, um sie zu regieren, über sie erheben und zu viele Menschen, die sich des Berufs wegen mit ihr beschäftigen.

Man wird mir sagen: Sie beschäftigen sich doch auch ganz ordentlich mit ihr. Das ist wahr. Aber man wird mir zustimmen, dass dies in einem ganz anderen Sinne und unter einem ganz anderen Gesichtspunkt geschieht, und wenn ich mich unter die Reformer mische, dann nur, um sie zum Loslassen zu bewegen.

Ich beschäftige mich nicht wie Vaucanson[73] mit seinem Automaten, sondern wie ein Physiologe mit dem menschlichen Organismus: um ihn zu studieren und zu bewundern.

---

73 Jacques de Vaucanson (1709–1782), französischer Erfinder. Anmerkung d. Hrsg.

Mich beseelt derselbe Geist, der einen berühmten Reisenden antrieb.

Dieser gelangte in die Mitte eines wilden Stammes. Ein Kind war gerade geboren worden und eine Schar von mit Ringen, Haken und Fesseln bewaffneten Wahrsagern, Zauberern und Medizinmännern umringte es. Der eine sagte: „Dieses Kind wird niemals den Duft einer Pfeife riechen, wenn ich ihm nicht die Nasenlöcher verlängere." Ein anderer: „Es wird keinen Gehörsinn haben, wenn ich ihm die Ohren nicht bis zu den Schultern herunterziehe." Ein dritter: „Es wird das Licht der Sonne nicht sehen, wenn ich seinen Augen keine schräge Richtung gebe." Ein Vierter: „Es wird niemals stehen können, wenn ich ihm nicht die Beine krümme." Ein Fünfter: „Es wird nicht denken können, wenn ich sein Gehirn nicht einschnüre." „Weichet!", rief der Reisende, „Gott ist weise in dem, was er tut; maßen Sie sich nicht an, es besser zu wissen als er. Da er diesem gebrechlichen Geschöpf Organe gegeben hat, lassen Sie seine Organe sich also entwickeln und durch Übung, Versuch, Irrtum, Erfahrung und Freiheit stärken."

Lasst es uns nun mit der Freiheit versuchen

Gott hat den Menschen alles gegeben, was sie zur Verwirklichung ihrer Bestimmung brauchen. Er hat sowohl eine soziale als auch eine menschliche Physiologie vorgesehen. Und die sozialen Organe sind so beschaffen, dass sie sich an der reinen Luft der Freiheit harmonisch entwickeln. Hinweg also mit den Quacksalbern und Gesellschaftsklempnern! Hinweg mit ihren Ringen, Ketten, Haken und Zangen! Weg mit ihren aufgesetzten Systemen! Weg mit den Launen staatlicher Verwalter, ihren sozialisierten Projekten, ihrer Zentralisierung, ihren Zöllen, ihren staatlichen Schulen, ihren Staatsreligionen, ihrem kostenlosen Kredit, ihren Bankenmonopolen, ihren Verordnungen, ihren Beschränkungen, ihrer Gleichmacherei durch Besteuerung und hinweg mit ihrer scheinheiligen Moral!

Und nun, da Gesetzgeber und Weltverbesserer der Gesellschaft so vergeblich unzählige Systeme aufgezwungen haben, mögen sie endlich dort zu einem Ende kommen, wo sie hätten beginnen sollen: Mögen sie alle wie auch immer gearteten bürokratischen Systeme zurückdrängen und die Freiheit ausprobieren – denn die Freiheit ist ein Bekenntnis zum Glauben an Gott selbst und seine wundervollen Werke.

Layered Money

Diese einzigartige Analyse des „mehrschichtigen Geldes" beleuchtet die Geldmärkte und verdeutlicht der allgemeinen Leserschaft, warum Bitcoin zu einer vertrauenswürdigen globalen Währung wird. Der Leser entwickelt ein Verständnis für die Mechanik unseres Finanzsystems und erfährt, weshalb der US-Dollar trotz seines maroden Zustands tief verwurzelt ist.

Das trojanische Pferd der Freiheit

Alex Gladsteins „Das Trojanische Pferd der Freiheit" zeigt, wie Bitcoin eine treibende Kraft für den Schutz von Menschenrechten und individueller Freiheit sein kann. Diese fesselnde Lektüre nimmt dich mit auf eine Reise quer über den Globus, sowie in die Gegenwart und Zukunft der Freiheit und finanziellen Unabhängigkeit.

APRYCOT